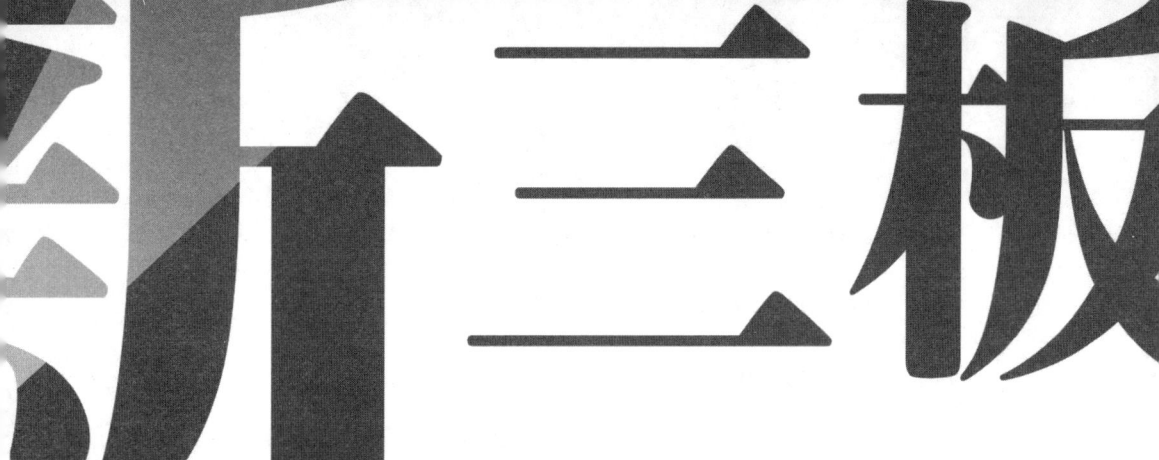

SHOUBASHOU
JIAO NI
SHANG XINSANBAN

手把手教你上新三板

聚焦新三板，
开启你的掘金时代

涂 涛◎著

重庆出版集团　重庆出版社

图书在版编目(CIP)数据

手把手教你上新三板/涂涛著. —重庆：重庆出版社，2016.9
ISBN 978-7-229-06421-1

Ⅰ.①手… Ⅱ.①涂… Ⅲ.①中小企业—企业融资—中国 Ⅳ.①F279.243

中国版本图书馆CIP数据核字(2016)第100973号

手把手教你上新三板
SHOUBASHOU JIAO NI SHANG XINSANBAN
涂涛 著

选题策划：陈龙海
责任编辑：陶志宏　张　蕊
责任校对：刘　艳
封面设计：国风设计

重庆出版集团
重庆出版社　出版

重庆市南岸区南滨路162号1幢　邮政编码：400061　http://www.cqph.com
北京华韵大成文化传播有限公司制版
三河市九洲财鑫印刷有限公司印刷
重庆出版集团图书发行有限公司发行
E-MAIL:fxchu@cqph.com　邮购电话：023-61520646
全国新华书店经销

开本：710mm×1000mm　1/16　印张：18　字数：210千
2016年9月第1版　2016年9月第1次印刷
ISBN 978-7-229-06421-1
定价：38.00元

如有印装质量问题，请向本集团图书发行有限公司调换：023-61520678

版权所有　侵权必究

前言 PREFACE

2015年是新三板极速发展的一年，挂牌企业的数量和市场融资金额持续攀升。截止到2015年底，在新三板挂牌的企业已突破5000家，融资额突破1000亿元。更重要的是中小企业挂牌的热情持续高涨。预计到2016年底，新三板挂牌企业突破10000家不是梦。

中小企业在新三板挂牌能够给企业带来以下好处，获得企业发展的融资，提高企业资本运作的能力，提升企业品牌知名度和完善企业内部治理结构等。将新三板比作企业资本成长的助推器再恰当不过。新三板除了能让企业获益颇丰外，也能帮助众多投资者实现财富的增值。

很多中小企业、投资者知道新三板的妙用，但真正实践起来，却丈二和尚摸不着头脑。迷迷糊糊进行企业的挂牌或投资是很可怕的一件事，很可能让企业资本运作走进死胡同中，让投资血本无归。

本书的出现就是为了帮助拟挂牌的企业和投资者更全面了解新三板的知识，帮助他们在实际的挂牌和投资中少走弯路，进而实现挂牌或投资的目的。

全书由六部分组成，第一部分主要告诉读者新三板的前世今生，它和主板、创业板有什么不同之处以及参与新三板的主体有哪些，参与主体有什么特点。同时在第一部分，读者也能知道新三板的基本规则和基本的操作流程。读者认真阅读这一部分能够对新三板有更全面的把控，更深的了解。

通过阅读第二部分，读者能够明白挂牌对企业有哪些好处，比如提升企业内部员工的信心，有利于资本运作等，同时也能掌握投资新三板的风险和回报情况，在投资时更谨慎。

第三部分是投资者实战篇，告诉读者如何参与新三板市场的投资，本部分配有详细的操作步骤和投资风险、收益的分析方法，让读者最短时间上手新三板的投资。

如果你是将要挂牌的企业的经营者，第四部分的内容无疑能够让你的挂牌之路走得更顺利。第四部分主要围绕着企业挂牌展开，这一部分有详细的挂牌步骤和方法，能够让你的企业尽快在资本市场分一杯羹。但企业挂牌并不意味企业能够玩转资本市场，第五部分就是讲解挂牌后如何进行资本运作，实现企业挂牌愿景。

第六部分主要向读者展示新三板未来的市场拼图，让读者明白新三板未来发展之势，这样在进行具体的投资操作中也能有所侧重，继而实现资本运作效益的最大化。

和其他新三板书籍比起来，本书的实践性更强，读者完全可以将它当成企业挂牌或个人投资的工具书。当读者遇到新三板企业挂牌问题时，打开此书潜心阅读一会，你的疑惑很可能就会烟消云散。千里之行，始于足下，从现在起，这本书将开启你新三板市场的大门，用本书武装你的头脑，携手共创你的财富之路。

目录 CONTENTS

前言 / 001

Part 1 新三板——资本市场最新成员

第1章 新三板的前世今生 / 003
主板市场、二板市场和三板市场 / 004

老三板和新三板 / 007

新三板的诞生和初次扩容 / 010

新三板的发展和二次扩容 / 012

第2章 新三板,新在哪儿? / 015
新三板与主板、二板市场的比较 / 016

新三板与三板市场的联系和区别 / 019

新三板与国外同类市场的比较 / 022

新三板的市场业务特点 / 025

第3章 新三板的参与主体 / 029
挂牌企业 / 030

投资者 / 033

主办券商 / 036

监管支持机构 / 039

中介机构 / 042

第4章 新三板的基本规则解读 / 045
新三板的规则体系变动 / 046

新三板的基本法律制度 / 049

新三板的基本操作程序 / 053

目录 CONTENTS

Part 2 新三板的价值系统

第5章 资本市场的"助推器" / 059
完善多层次资本市场 / 060

提升市场流动性 / 063

牵手金融机构形成合力 / 066

第6章 中小企业的"圆梦人" / 069
圆中小企业的"上市梦想" / 070

增强企业融资能力 / 073

提升知名度,强化企业品牌 / 076

提振内部成员的信心和动力 / 079

有利于企业进行资本运作 / 082

第7章 投资者的"新项目" / 085
高风险高回报 / 086

投资新三板就是投资未来经济 / 089

Part 3 新三板投资实务

第8章 新三板的投资主体及其门槛 / 095
个人投资者 / 096

机构投资者 / 099

其他投资者 / 102

第 9 章　新三板的投资收益和风险分析 / 105

新三板的投资收益水平分析 / 106

新三板的投资风险类型分析 / 109

第 10 章　新三板投资操作流程 / 113

开立账户 / 114

签订协议 / 116

委托成交 / 118

清算交收 / 121

信息发布 / 124

第 11 章　新三板投资技巧 / 125

基本面分析 / 126

价值分析 / 129

Part 4
新三板挂牌
上市实务

第 12 章　新三板的上市条件 / 135

哪些企业适合新三板上市？ / 136

新三板上市的条件解读 / 139

第 13 章　企业股份制改制操作流程 / 143

企业改制的问题点 / 144

目录 CONTENTS

企业改制的方案设计 / 147

设立股份有限公司的程序 / 150

股份有限公司的报备、审批和登记程序 / 153

第 14 章　新三板挂牌上市准备 / 155

战略投资者的选择 / 156

中介机构的选择 / 159

主办券商的选择 / 162

企业组织架构的调整 / 165

企业发展战略的梳理 / 168

企业财务管理的强化 / 171

准备和制作申请材料 / 174

第 15 章　新三板挂牌上市流程 / 177

新三板挂牌上市总体流程 / 178

挂牌后的持续督导 / 181

挂牌后的信息披露 / 184

第 16 章　停牌和摘牌 / 187

监管停牌 / 188

公司申请停牌 / 191

终止挂牌 / 194

Part 5 新三板融资实务

第 17 章　新三板企业融资的收益 / 199

显性收益 / 200

隐性收益 / 203

第 18 章　新三板企业融资的风险 / 207

系统性风险 / 208

非系统性风险 / 211

第 19 章　新三板企业的资本运作方式 / 215

定向发行 / 216

收购和资产重组 / 219

私募债再融资 / 222

股份转让 / 225

股权激励 / 228

第 20 章　新三板企业转板通道的铺设 / 231

新三板企业的转板现状 / 232

新三板企业转板的可能路径 / 235

新三板企业如何未雨绸缪，做好转板规划？/ 238

目录 CONTENTS

Part 6 新三板市场运作实务

第 21 章 新三板市场现状分析 / 243
流通和成交现状 / 244
新三板市场不活跃的原因分析 / 247

第 22 章 新三板现行制度的改革方向 / 251
建立适度灵活的投资者准入制度 / 252
加强信息披露和监管力度 / 255
完善退市制度 / 258
交易方式和市场分层结合 / 261

第 23 章 新三板市场的创新方向 / 265
投融资品质创新 / 266
引入竞争，打破交易所垄断 / 269
转板通道的创新设计 / 272
借鉴国外场外交易制度 / 275

Part 1

新三板——资本市场最新成员

新三板市场的诞生对完善中国资本市场，解决中小企业融资难题，合理配置资本有着重要的作用，同时对场外市场配置有着里程碑的意义。那么，新三板在资本市场中占据怎样的地位？新三板，到底新在哪？新三板有哪些规则？答案就在本部分中。

第1章

新三板的前世今生

"新三板"是2015年资本市场上的热词之一,但什么是"新三板",它有哪些特征,很少有人能够说得清楚。我们要想对其有更深的了解,必须首先回顾它的前世今生,浏览其发展的历史痕迹,从而对其有更全面、真实的认知。

主板市场、二板市场和三板市场

了解一个人最好的办法就是"审视"他的密友,根据他朋友的特征来判断他的性格和品性。同样,我们了解新三板,也可以通过了解与它关系密切的"朋友"来进行。新三板密友主要有这三个:主板市场、二板市场和三板市场。

主板市场俗称一级市场,也就是我们熟知的证券市场,是为大型企业提供融资服务的平台场所,对发行人公司的营业期限、盈利模式、股本大小等方面有着较高的要求,企业有一条不符合它的要求,都有可能丧失掉上市机会。

主板市场作为资本市场的重头戏,是"国民经济的晴雨表",能够反映出国民经济的冷暖。当主板市场的某一品类的价格出现大幅变化,这能够很真实地反映出此品类在市场的受欢迎程度。另外主板市场不缺投资巨鳄,中小股民和企业,每个人都想从中分一杯羹,这也是主板市场高活跃度的重要原因。目前中国的主板市场有上海证券交易所和深圳证券交易所两个,截止到2015年4月底,在中国主板市场上市的公司有2661家。

二板市场俗称创业板市场,专门协助高潜质的创业型企业,是很多高新科技公司融资并进行资本运作的主战场。二板市场和主板市场显著不同的是，它的上市标准稍低，一些在主板市场未能上市的优质高科技企业可以在二板市场获得上市机会，上市标准低也让它的风险陡增，股价偏高，市盈率高居不下，一旦市场风口转向，股价很可能直线下跌。

另外创业板市场是一个前瞻性的市场，它更看重企业未来的发展潜力。如果高新技术企业有良好的商业和盈利模式，能够在未来快速打开市场，企业得到的融资的机会也会大大增加，反之，企业在创业板市场也可能会无人问津，最终黯然离场。

目前，全球共有40多个国家设立了"创业板"，在这些创业板中，美国的纳斯达克可谓是独领风骚，众多优秀科技企业选择在纳斯达克完成上市梦想、融资计划。比如软件巨头微软，中国的新浪、搜狐、中石化、网易等等。在中国的二板市场主要指深交所的创业板块。2009年中国深交创业板上市，截止到2014年底，中国创业板上市的公司已接近400家，市值超过2万亿元，发展之势锐不可挡。

三板市场即代办股份转让系统，在2001年7月16日开办。三板市场一方面是为了给退市的上市公司股份提供流通的场所，退市后的水仙、粤金曼和中浩等股票仍然在三板市场活跃；另一方面解决原STAQ系统、NET系统遗留下的问题。STAQ和NET是指法人股交易系统，在开始之初，其运营顺畅解决股票流通问题，但是运营过一段时间后，很多人违反系统进入市场，导致两系统流通的法人股愈加个人化，最终在1999年两系统停止交易。但是规范市场和保护投资者的利益一直未能实现，监管部门通过各种手段和措施，终于找到良药——代办股份转让系统，让这个问题得以解决。

三板市场是根据股份转让公司的质量实行股份转让制度，净资产为负的公司，每星期一、三、五有权转让；净资产为正的公司，周一到周五都可以进行转让。交易的方式采用集中配对成交进行。另外股份价格也和主板市场一样有涨跌幅限制，通常涨跌幅度不能超过前一日的5%。通过三板市场能够解决历史遗留问题，维护投资者的权益，让退市公司也能重新焕发出新的活力，也能搅活整个资本市场。

随着时间、技术的发展，越来越多的科技公司也想在资本市场分得一杯羹。2005年，中关村科技园区一些优秀的企业取得在三板市场上市的机会，随着越来越多企业加入，三板市场功能逐渐丰富，内容也更丰富，而后也就形成我们现在的新三板市场。可以这样说，没有三板市场也就没有现在的新三板。

主板市场、二板市场和三板市场为众多优秀企业提供融资、资本运作的平台，让企业获得资金用以开发建设，获得更大的发展机会。与此同时，三个资本市场相互补充，能更全面解决各类型企业的融资问题，三大资本市场也能实现长久的繁荣。

老三板和新三板

在新三板的照耀下,老三板好像退出了资本的舞台。其实不然,截止到2013年8月,在代办股份系统进行交易和流通的A股股票,仍然有52只。相对于A股市场的2600多家股票而言,它显得如此渺小,但是在当时的社会背景下,老三板对完善我国股票交易制度起着功不可没的作用。

中国的老三板市场起源于2001年的"股权代办转让系统",有两类企业股:第一类就是历史遗留问题,也就是主要从STAQ、NET法人股市场转移过来的股票;第二类就是连年亏损,不得不从主板市场摘牌的企业。这两个特征,也让老三板不可避免地充斥着业绩差、领导不作为、企业团队竞争力不强的企业。在当时老三板就是资本的"垃圾场"的代名词,这也是投资者对新三板存有芥蒂的重要原因。

为了改变投资者对老三板的糟糕印象,同时为了搞活这些"破烂公司",以求老三板能够发展壮大,国家准备拉拢一些优质、发展潜力大的企业进入三板市场。但实力雄厚、资质良好的公司总想着进入主板市场获得机会,对老三板往往不屑一顾。正当这时,优质、缺乏资金的高科技企业大量涌现,于是乎国家就用各种充满诱惑力的手段,将这些企业拉进三板市场中。当大量优质企业加入三板市场中,整个三板市场出现企业实力、资质过于悬殊的情况。

为了给优质企业提供更好的融资环境和资本运作方式，国家将一些优质、朝气蓬勃的企业划分为"新三板"，而那些退步、死气沉沉的退市企业划分为"老三板"。划分后新三板企业快速成长，市场规模不断扩大，营业收入不断增加，新三板交易市场呈现旺盛的生命活力，最终新三板得到市场的认可，大量的投资者涌入市场。相反老三板依旧死气沉沉，最终市场对其态度不温不火，很多老三板挂牌的企业，至今仍面临着无人问津的困境。

新三板从老三板孕育而来，有老三板的影子，但它和老三板相比又有以下不同之处。

（1）定位不同

老三板的定位主要为了解决股票流通，将资本市场搞活，新三板除了此功能之外，还有私募融资的功能。即挂牌公司和意向投资者进行联系，然后再进行相应的沟通，一旦两者达成协议，就可以完成融资计划。企业将融到资金运用到实际生产过程中，也能让企业保持高速增长态势。

（2）交易制度不同

老三板的交易制度是按照主板的交易方式，即通过竞价方式完成，同时老三板也是根据股份公司的质量来实现交易，公司的质量越高，交易也会更灵活，有更好的时间点实现交易，反之，交易时间节点也会次之。而新三板的交易方式则不同，实行券商委托报价和交易报价的方式。新三板的购买者多半是线下在价格上达成共识，然后在新三板的交易系统完成。另外新三板的交易额度最少为30000股，超过交易额的30%就要公布相应信息，而老三板的交易最低额度为100股。

（3）参与主体不同

老三板参与主体多为退市的企业，虽然它们的股价萎靡不振，不能保证投资者的利益。但挂牌的公司都是一些公众公司，都经过严苛的法律程序审批，资质较高，风险也会相对较小。而新三板的企业则不同，很多企业符合挂牌要求，但并不符合公众公司的要求，相应的它的风险和老三板相比也会更高。

新三板和老三板的这些不同，能够让它得到更多资本的青睐，帮助更多的企业获得融资，真正发挥合理配置资源的功能，实现资本的最大效用。

新三板的诞生和初次扩容

任何事物的发生都有它不得不发生的理由，新三板也是如此。它的出现是国家为了改变过去三板市场不温不火的局面，摘掉三板"垃圾市场"的帽子，同时为了给高科技企业提供融资渠道。2006年1月23日，中国证监会与北京中关村管理委员会开通中关村科技园区非上市股份代办转让系统，至此"新三板"市场诞生，企业有了新的融资和交易平台。

在新三板诞生后不久，世纪瑞尔和北京中科牧两新技术企业挂牌上市，这也标志着新三板市场正式形成。新三板和老三板市场相比，增加定向增发融资的手段，这极大解决高新技术企业融资难的问题，这一利好消息，也吸引了一些高新技术企业在新三板挂牌上市。

事物的发展不可能一帆风顺，总要伴随着这样或那样的挫折。由于科技园区、企业性质以及对投资者身份的限制，新三板在成立后很长时间并没有成为众多新创企业首选的融资大本营，市场活跃度不高，融资金额也是远远不足，整个市场也是处于不温不火的状态中。到2011年，新三板市场企业共102家，这远远小于A股市场上市公司的数量。

为了解决市场活跃度不够，企业参与数量少的问题，同时充分吸收大量的资本，2012年8月3日，中国证监会宣布扩大非上市公司转让试点，即新三板市场实行扩容。一个月后，中国证监会分别与北京市、天津市、上海市和武汉市签订新三板试点合作方案，至此除北京中关村之外，上海张江高科技园区，天津滨海高新技术园区和武汉东湖科技开发区也可以成为企业挂牌上市的集中营。

扩容政策的实施不仅为上市企业提供更多上市的机会，同时向投资者和企业传递政府重视新三板的消息，这使得企业和投资者对新三板好感度增加，新三板的市场逐渐回暖。一些原先对新三板市场"嗤之以鼻"的企业也开始在新三板上市，比如证券市场。

也就在2012年，证监会按照"总体规划，分步进行"的原则，设立全国中小企业股份交易系统。系统的设立能够为新三板上市的企业提供更优质的服务，让其更好地完成交易活动。同时也让新三板市场真正成为继主板市场、创业板市场之后的第三大资本市场，更好地推动场外交易健康发展，促进民间投资和实体经济的发展，给创业企业提供更大的发展机会。

扩容后的2012年是新三板的元年。市场的活跃度大大提升，交易额持续攀升，在这一年上市的公司就有105家，这可比2006年到2011年累计上市的公司的数量总和还要多。更让人欣喜的是，这一年过去，有7家在新三板上市的企业转到创业板，获得更大的融资机会和平台。转板成功也在影响着企业的经营者，改变着他们唯主板市场不上的看法和认识，新三板的市场热度逐渐提高。

新三板市场的诞生对完善中国资本市场，解决中小企业融资难题，合理配置资本有着重要的作用，同时对场外市场配置有着里程碑的意义。它的初次扩容，无疑深化它的价值，能够真正实现它创立之初的愿景——搅活中国的资本市场，促进国民经济的健康发展。事物总是有两面性，新三板也不可避免存在这样或那样的问题，比如市场规则不健全，法律条例不清晰，这些都有可能让投资者和企业遭受一定的损失。解决这些问题最好的办法，就是国家有关机构制定新三板规则和扩容计划，让扩容按照一个正确的轨道行走，这样新三板市场才会有更好的明天。

新三板的发展和二次扩容

　　新三板的发展历程可以用一波三折来形容,从过去无人问津的"老三板"市场转化而来,然后充当北京中关村高新技术企业的孵化器,助阵一部分企业快速成长。在2012年伴随着初次扩容,市场的活跃度进一步打开,中小科技型企业在新三板上市的数量和热情极大提高。

　　初次扩容市场的繁荣也让国家看到新三板的发展潜力,与此同时,"全民创业"热情日益高涨,新创企业迫切需求资金的注入,进而国家进行了新三板市场的二次扩容。二次扩容让新三板市场真正成为继主板市场、二板市场之后的第三大资本市场。截止到2015年底,在新三板上市的企业已达5000家,交易金额也达到1910.62亿元。并且上市的企业依然保持较快的增长速度,相信随着企业、投资者的大量涌入,新三板发展也必将引来更美好的明天。

　　通过梳理新三板的发展史,我们能够一目了然地看到二次扩容对新三板发展的关键性,可以说没有二次扩容,新三板市场就不可能有如此高的活跃度。我们要想真正搞清楚新三板,必须要理解透彻新三板的"二次扩容"政策。

　　2013年6月,国务院总理李克强召开国务院会议,在会议上提出加快发展多层次资本市场建设工作，并且提议将中小型企业股份转让系统试点延伸至全国。和外界猜测逐步放开转让试点的速度相比，这次扩容的速度超乎外界想象。"一步到位"的扩容，让那些有意在新三板挂牌的企业有更好的预期，也能让一些地方政府和企业、券商早作准备。

新三板扩容至全国后，全国中小型科技企业能够获得较好的融资机会，发展也会进入一个快车道。另外全国的资本市场也会变得多层次且更加完善。全国性的融资渠道也会因此形成，资本对实体经济的帮助也会大大提高。

2013年12月14日，国务院发布《关于全国中小型企业股份转让系统有关问题的决定》（下文统称为《决定》），《决定》的出台表明新三板有了法律意义，真正正式扩容至全国。这次扩容和初次扩容相比，不仅扩容幅度空前提高，同时规则和制度更健全。《决定》从新三板的定位、体系建设、市场制度改革、投资者管理和权益保护以及监管协作这六个方面着手，并配有比较完善的执行条例，让新三板市场在法律的保护下快速前行。

扩容后的新三板不仅交易的范围提升，交易的质量和过去相比也有较大的改善。比如从价格信息质量看，股票出现极端价格的例子越来越少，合理的价格能够保护投资者和企业的利益；从做市股票的数量来看，2014年末只有112只，而到2015年末做市的股票数量已经增加到1115只，做市股票数量的增多也在表明新三板的市场有较高的活跃度，同时新三板市场的交易额大大提升，整个市场的影响力不断扩大。

新三板的二次扩容促使市场快速发展，让它站到时代的风口上。2015年众多优质的高新技术企业扎堆到新三板上市，比如唐人影视、开心麻花、杨丽萍的云南文化。上市的企业的股票价格也是节节攀升，有的甚至从几元一股涨到上百元，这在过去是难以想象的。这在充分反映新三板市场的繁荣的同时，也意味着新三板市场有众多危险的因素。

  股价持续疯长，说明新三板已经成为众多追逐短期暴利投资者的平台。不怀好意的投资者的出现对整个新三板市场是不利的，很可能让新三板从企业的扶植者变成企业的"索命鬼"，最终企业成为资本的奴隶。企业为了资本而运作，会让企业丧失创新、竞争机制，最终成为市场的弃儿，也会让新三板的价值大打折扣。为了让新三板更好地充当企业的助推器，国家也应该尽快落实详细的相关政策，用制度来为企业、市场、投资者保驾护航。

第2章

新三板,新在哪儿?

《全国股份转让系统有限责任公司暂行办法》的发布,标志着全国场外交易体系新三板真正建立起来。那么新三板到底新在哪,和主板、二板市场、三板市场有什么区别,和国外的同类市场有什么不同,它的业务有什么特点。相信通过这一章的学习,就能够解决这些问题。

新三板与主板、二板市场的比较

新三板和主板、二板市场作为中国三大主要资本市场，共同实现资本合理配置。新三板与主板、二板市场相比，在以下方面有所差异。

（1）监管机构

新三板的监管机构是中国证券业协会，而主板和二板市场的监管机构是中国证监会。

（2）审核部门

新三板的审核部门是证券业协会场外市场工作委员会，主板的审核部门是证监会的发行部，二板市场的审核部门是证监会创业板发行监管办公室。证券会的审查力度、方式和证监会相比相对宽松，这也是一些中小型公司在主板、二板市场上市失败后，能在新三板市场成功上市的原因。

（3）审核方式

新三板的审核方式是备案，而主板和二板市场的审核方式是核准。备案和核准的区别在于备案是企业自己上市的相应工作，如果出现问题，企业要自行承担后果。而核准是企业上市必须要符合相应的标准，不符合标准者，企业上市的梦想就此破灭。相比核准，备案更有利于企业上市。

（4）审核标准

新三板的审核标准是《证券公司代办股份转让系统中关村科技园区非

上市股份有限公司股份报价转让试点办法》（暂行）。随着扩容政策的实施，新三板的审核标准也有相应的提高，同时审核要点也会更明确，一些不符合审核标准、缺乏审核要点的企业也会被淘汰。

二板市场的审核标准是《首次公开发行股票并在创业板上市管理暂行办法》，主板市场的审核标准是《首次公开发行股票并上市管理办法》。

（5）招股说明书

新三板的招股说明书是《股份报价转让说明书必备内容》。里面包括企业声明、风险及重大事项的提示、企业的经营状况、企业的核心业务和技术状况等等。二板市场的招股说明书是《公开发行证券的公司信息披露内容与格式准则第28号——创业板公司招股说明书》。主板市场的招股说明书是《公开发行证券的公司信息披露内容与格式准则第1号——招股说明书》。两者的招股书里面要有详细的公司业务、技术状况、募集资金运用情况等。

市场不同也让招股书有不同的侧重点，主板市场的招股说明书更侧重介绍公司的赢利点，让投资者心动，尽快将资金投给企业。而二板市场的招股说明书要尽可能向投资者传递公司风险小的信息，给投资者吃一颗定心丸，这样获得融资的机会也会大大提升。相对主板和二板市场，新三板企业的招股说明书更侧重未来，要给投资者一个未来清晰明了的盈利模式，进而获得投资者的资金。

（6）申报文件的规范

需要在新三板市场上市的公司在申报文件时，要根据《主办券商推荐中关村科技园区非上市股份有限公司股份进入证券公司代办股份转让系统挂牌备案文件内容与格式指引》进入。主板市场的申报文件的规范要符合

《公开发行证券的公司信息披露内容与格式准则第9号——首次公开发行股票并上市申请文件》。二板市场申报文件的规范要符合《公开发行证券的公司信息披露内容与格式准则第29号——首次公开发行股票并在创业板上市申请文件》。规则的不同，也让各自的上市有不同的轨迹，相对主板和二板，新三板的上市轨迹更清晰，更方便。

（7）对投资者的限制

新三板目前不对个人投资开放，主板市场对投资者没有限制，二板市场对投资者进行适当的管理。新三板暂时不对个人投资者开放最主要的原因就是新三板投资机制尚未成熟，一旦开放，恐个人投资者的资金受到侵害。

（8）交易制度存在不同

新三板的交易制度同主板、二板市场有以下几点不同：①交易方式，新三板的交易方式多是协议、做市、竞价的方式，而主板、二板市场的交易方式多为竞价、大宗商品交易的方式。②涨幅限制，新三板没有设置涨幅限制，而主板和二板市场均有涨幅10%的限制。由于缺乏涨幅限制机制，新三板的投资者在享受高收益的同时，必须要承担巨大的风险压力。③申报数量的限制，新三板申报的股票数量要为1000股，而主板市场和二板市场申报的数量应当为100股，或者为100的整数倍。

新三板和主板、二板的众多不同之处，能够让它更精准地找到它的受众，更好地俘获大批中小企业经营者的芳心，真正帮助到经营者做大做强自己的企业。

新三板与三板市场的联系和区别

新三板是相对三板市场而言,从三板市场孕育产生而来,这使得它和三板市场既有联系,又有一些本质的区别。正是这些联系,让它冠上"三板"二字,也正由于区别,让"新"字才能站立起来。

联系:

新三板和三板市场的联系主要体现在两者都是证券公司代办股权转让平台,都能帮助一些非上市的公司提供股份流通服务,帮助企业实现融资的目的,获得重新发展的机会。两者的快速发展都得益于其搭建的股份转让系统。

区别:

(1)定位和作用不同

三板市场成立之初的定位就是为了解决原"两网"遗留的问题,给一些退市的公司提供一个交易的平台,为这些企业提供一种新的融资渠道。但是三板市场由于进来的股票质量不高,一直被冠上"垃圾场"的名字。另外随着股权分置改革的实施,"两网"遗留的问题已经得到很好的解决,因此三板市场的功能性日渐衰微。

新三板的定位和老三板截然不同,在成立之初就定位于"为高科技高成长企业提供融资平台",希望通过这个平台解决高科技企业的融资问题,促进高新技术企业快速发展。更重要的是它不仅为非上市的公司提供股份交易的平台,还不断打磨上市企业的质量,促使整个新三板市场变得更规范,对市场的吸引力更强。通过一系列优化手段,新三板的融资能力日益凸显,越来越多的企业选择在新三板完成融资之路。国家政策的相继出台,让新三板市场在"马太效应"下越来越好,逐渐成为场外最大的配资平台。

(2)投资主体不同

三板在成立之初,未区分自然人和机构投资者。简而言之,个人能够在三板市场完成资本运作过程,实现个人财富的积累。新三板在成立之初,在很长的一段时间里也没有限制自然人和机构投资者。但是随着未限制投资主体的矛盾日益尖锐,终于在2009年,新三板增加投资者适当性的制度,将自然人的投资主体排除在外。换句话说,个人资金就不能投资新三板的企业。新三板对投资主体的限制,在一定程度上降低了市场的活跃度,这也是它活跃度远远不如主板、创业板的重要原因。

(3)信息披露制度

三板市场的公司为退市的上市公司,尽管企业退市,但是在信息披露方面仍然按照上市的标准进行。比如向所有的投资者公开披露信息,包括招股说明书、募集说明书、上市说明书、定期报告以及证监会对其进行监督等等。而在新三板挂牌上市的公司信息披露的力度远远小于三板上市的企业。通常,在新三板上市的公司,信息披露的不同主要体现在以下几个方面。

①财务信息方面,在新三板挂牌的公司只需要披露企业财产负债、支

出等主要的项目，不强制其公布详细的财务数据报表。这在三板市场是不能想象的。

②在年度财务报告上面，挂牌上市企业只需要经会计事务所审计即可完成，并不需要其在专业的证券交易所完成审计工作。企业也不需要花费高昂的审计成本，企业的运营成本也能降低。

③在财务报告披露上面，上市企业并不需要提供企业最近五年甚至十年的财务状况，只需要企业披露最近两年的财务状况，让投资者对企业财务有一定的了解。

④新三板上市的企业并不需要披露季度报告，只需要在首次挂牌上市后，披露后续的年度和半年度报告即可。

⑤上市公司只要有任何消息，必须要披露相关的消息，而新三板挂牌的企业不用，只需在发生重大股权活动时或者对企业有重大影响时，披露相关的消息即可，这条规定让上市企业有更大的自主权。

新三板依托老三板市场基础而成，不可避免有老三板的影子，两者都是股权交易的场所。其次新三板经过市场、时间的打磨，和三板市场也有了明显不同之处。不同之处得到更多中小企业的青睐，但与此同时也让新三板市场有许多的不确定性，投资者和企业可能要面临更大的风险。为了最大限度减小风险，投资者和企业在进入新三板市场淘金前，一定要作好相关准备，搜集好相关的资料，分析好自己的实际情况，从而在保证获得最大的利益时，承担最小的市场风险，掘得属于自己的资产。

新三板与国外同类市场的比较

翻开全球场外资本市场，我们发现国外场外交易市场比新三板出现的时间更早，制度也相对健全，市场的市值有的也是远远高于新三板市场。比如美国的纳斯达克，英国的AIM市场，韩国的科斯达克市场等。下面我们就新三板和这些国外市场作个比较，更全面地分析新三板。

美国纳斯达克全称为美国全国证券交易商协会自动报价系统，在1971年成立，集中显示全美OTC市场部分精选证券市场。在1982年成为场外交易系统，目前它已经成为全球最大的证券交易市场，有5000多家上市公司，覆盖超过55个国家和地区。

通常在纳斯达克上市的企业多为高新技术产业，有着市场最前沿的技术手段、商业模式，比如谷歌、微软、苹果，中国的分众传媒、陌陌、新浪微博等等。新三板和美国纳斯达克相比，上市公司的数量不相上下，甚至随着中国中小企业数量的集中爆发，新三板的上市的企业的数量会远远超过纳斯达克。但在新三板上市的公司质量和交易额与纳斯达克相比远远不足，新三板的上市的公司多为经营年限短、盈利水平低的公司，而在纳斯达克上市的企业实力雄厚。这样一比较，新三板还有很长的路要走。

另外纳斯达克和新三板相比，最显著的不同在于它的分层机制，将市场内部分为三个层次：纳斯达克精选市场、纳斯达克全球市场、纳斯达克资本市场。分层机制最大的好处，能够满足不同类型投资者，规范上市公司和交易要求。三个板块层次要求从高到低，如果企业自身条件达到上一层次可以进行转层，获得更好的融资的环境。目前新三板也在筹备实行分层机制，将市场分为创新层和普通层。创新层对企业的要求更为严苛，相应的企业数量更少；普通层要求少，数量也会更多。分层机制的实施，也能够更好地保证投资者和企业的利益。

英国的AIM市场成立于1995年6月19日，主要为了解决新创企业融资的问题，通过它挂牌上市的公司的类型很多，有高新技术的企业，也有传统的制造业。这和新三板市场有异曲同工之妙，目前在新三板的上市公司有资金实力雄厚的传统的制造企业，也有科技实力、创新能力强的企业。

AIM市场和新三板市场相比，它并没有制定最低的上市标准，对上市公司的规模、盈利模式、责任人并没有过高的要求。新三板有较为严苛的上市标准，比如要有稳定经营的能力，股权清晰，股权结构合理健全的公司治理等。

另外AIM市场并没有严苛的审查，采取的是担保人制度，用担保人来保证上市的公司的财务和经营状况。相比AIM市场，中国的新三板市场有着严格的审查制度，审核的要点颇多。新三板严苛的审查制度能够更好地保护投资者和企业的利益，但与此同时也会将一些稍不成熟的企业拒之门外。

韩国的科斯达克成立于1996年7月，目前有1000家上市企业。科斯达克市场的成立就是为了解决韩国中小型企业的融资难问题。目前市场保持较高的活跃度，据调查研究发现，科斯达克的股票的市场换手率仅次于美国的纳斯达克。市场将企业划分为风险企业、非风险企业、共同基金和外国企业。企业类型的不同参照不同的上市标准，风险性高的企业上市标准比非风险的标准低。

另外在信息披露方面，它比新三板市场要求更严格，上市企业必须要披露年度报告、季度报告、收购、分析报告、临时性报告等。如果违反信息报告的披露制度，企业很有可能面临着停牌的风险。

通过对新三板和国外同类市场的比较，我们能够发现新三板市场有着广阔的空间，未来发展也会生机勃勃，相信会有更多的企业的投资者获得资金。但与此同时，我们更应该看到新三板和同类市场也有众多不足之处，尽可能学习其优秀的市场经验，完善新三板市场机制，让它真正成为中国版的"纳斯达克"。

第 ❷ 章　新三板，新在哪儿？

新三板的市场业务特点

2006年新三板市场呱呱落地，经过2012年和2013年两次扩容，再加上国家政策的大力扶持，新三板市场最终从一个区域性的股份转让系统过渡到全国性的交易市场。新三板市场容量不断增大，制度逐渐健全。此时新三板的业务呈现出以下3个特点。

（1）市场容量不断补充

截止到2015年12月25日，超过5000家企业选择在新三板挂牌上市。单从上市公司的数量来看，新三板已经成为世界级的交易所。更让人欣喜的是，企业选择在新三板上市的热情依然高涨。据统计，在2016年新年后的6个交易日内，新增挂牌企业高达162家，每一小时就上市一家。较去年同期增加383%。

在这挂牌上市的5000家企业中，其中做市转让公司达1087家，协议转让公司达3013家。做市转让的公司逐渐增多，整个市场也能保持旺盛的活力。另外上市行业的类型不断增多，目前上市企业行业已超过80个。

新三板上市公司数量的增多，能将新三板的盘做大，继而扩大新三板的市场影响力，让其真正成为企业场外配资的首选之地。

（2）市场交易量出现下滑

交易量作为考核新三板市场热度的重要指标，较高的市场交易量能够充分反映出市场的热度，同理市场也会有较高的交易金额；较低的市场交易量表明投资者保持观望的态度，市场也很难出现较大交易金额。

新三板市场从2012年初次扩容后交易量保持攀升状态，到2015年4月份交易量达到最高点，当月成交金额也一度达到373.1万亿元。但2015年4月之后，交易量持续下滑，到了7月份之后，市场的交易量只有123亿元，交易量也只有峰值的1/3。

很多人认为交易量下滑意味着新三板市场的衰落，其实不然，市场的交易量的下滑表明三板市场的热度逐渐下跌，整个市场的价值逐渐回归理性，这对新三板市场的发展是一个利好消息。

（3）国家配套政策不断完善

新三板得以快速发展离不开国家相应的配套政策，可以说没有国家扩容政策、做市制度等政策，新三板的发展也不可能保持如此快的速度。通过这些政策明确新三板的定位，确立新的交易系统，确定新三板的市场活跃度，实现资源的合理配置。

国家出台关于新三板的政策如下：

2006年，国家在北京中关村科技园区设立"新的代办股份转让系统"，至此新三板诞生。

2012年8月，新三板开始了扩容之路，除中关村科技园区以外，增加上海张江、武汉东湖、天津滨海三大科技区。四地联动更好地解决中小企业融资难题。

2013年6月，新三板二次扩容，由四个试点机构扩展至全国。至此，新三板市场活力彻底点燃，多层次资本加速成长。

2013年12月，国务院颁布法律法规，指出全国股份转让交易系统经国务院批准，依据证券法设置全国性证券交易场所。

2014年5月，全国股份转让交易结算系统正式上线，解决挂牌企业的结算问题。同年8月，新三板做市制度出台，极大提高股份的流通性，增强市场的流动性，促进市场平衡。

2015年3月，新三板指数出台，投资者和企业能够实时掌握最新的交易情况，让新三板的交易变得更快捷。而且未来，新三板也会实行分层制度，将市场分为创新层和普通层，让资本实现快速流通。整个三板市场也会变得更合理，自然而然迸发出更大的发展活力。

新三板市场业务这三个特点充分反映了新三板市场目前的发展趋势和情况，能够给投资者和企业指引掘金的方向。相信随着新三板市场的日益成熟，其特征将会更明显，更多样。根据特征进行掘金，企业和投资者才能获得更大的好处。

第 3 章

新三板的参与主体

新三板的繁荣和昌盛与它的参与主体有着至关重要的关系，优质的参与主体能够带动新三板市场快速发展，保持欣欣向荣之势；反之，新三板市场很可能走入发展的死胡同中。这一章就带领你揭开新三板五大参与主体，探索主体与新三板的关系。

挂牌企业

挂牌企业是新三板市场的核心玩家,没有挂牌企业的新三板市场犹如无源之水、无本之木,效用自然不能发挥出来。挂牌企业的数量和质量与新三板的影响力至关重要,挂牌企业数量越多,质量越高,新三板的影响力也会越强,在资本市场的分量更重,话语权也会更大。

虽然新三板需要挂牌企业,借助它增加自己的影响力,但是它对挂牌企业也有严苛的要求。比如要求企业依法设立且存续两年,较好的盈利模式和经营能力,股权明晰,股权发行和转让行为合情合理,另外企业在挂牌前需要将有限责任公司变革为股份有限公司,同时还要公司具备健全的管理机制。只有具备这些要求,企业才有可能成为挂牌企业,否则,只能成为新三板市场的观望者。

高新技术企业、金融业、服务业或一些传统企业都可以在新三板上市。很多人认为传统制造业在新三板市场很难引起投资者的注意,融资也会比较困难。其实不然,只要传统制造业加以创新,让企业获得新的概念和标签,企业仍然能够得到投资机构的青睐。比如一夜暴涨的麟龙股份。另外即使挂牌企业是传统企业,没有一些创新的机制,但只要有良好的盈利模式和管理机制,也能够获得相应的融资。

企业在新三板上市成功后，很多经营者就认为企业走上了资本之路，可以在资本市场拥有更大的发展机会，能够将企业的销售业绩变得更好看，自己获得更多的挥霍资金。这种想法显然偏颇，新三板的确能够给企业提供一条新的融资渠道，在企业最困难的时候向企业伸出援助之手，让企业拿到所融资金进行企业的建设。但是企业经营者更应该意识到，投资者投资企业最大的原因就是看重企业良好的商业模式和优质的产品，最大的目的是获得丰厚的回报。如果企业丧失对产品的追求和定位，一味进行"路演+定增"，全国遍地地买股票，疯狂进行定增，这种追逐资本市场忽视对自家产品的打磨，不去注重商业模式的改进的行为，只会让企业走上一条不归路，最终投资者失望，弃挂牌企业而去，使挂牌企业丧失最佳的融资机会。

因此挂牌企业应该客观认识到新三板的作用，不盲目地追求资本市场，真正将新三板定位成融资的渠道，另外将融到的资金用到企业产品工艺改进、商业模式的打磨上面，真正给消费者提供更优质的产品。让投资者看到企业未来的发展潜力和良好的商业模式。给投资者吃下一颗定心丸，让他敢长期地投资企业，这样挂牌企业在新三板市场上才会有更大的竞争力，获得更多资本的青睐，在"马太效应"下企业也会做大做强。

同时也有很多企业管理者认为，只要上新三板就能获得融资机会。其实不然，目前在新三板市场融到资金的企业是幸运的，虽然现在新三板的上市企业有5000多家，但新三板的投资者才20万户左右，远远不能满足众多企业的融资需求。现在超过6成的挂牌企业融不到资金，不得不变成"僵尸股"。虽然证券会用"分层制"来积极解决"僵尸股"的问题，但仍需要很长的时间来解决这个问题。因此为了避免企业在挂牌上市之后，成为"僵尸股"，挂牌企业应该完善企业的制度，向投资者展示一个健康向上的企业文化，真正让自己在资本市场拥有更大的发展活力。

另外，目前一些挂牌企业在行政制度、人员配置上仍然有所欠缺，连最基本的董事长秘书都没有，以致不能及时回答投资者的问题，或者董秘的能力不过关，不能妥善地解答投资者的疑问，挂牌企业董秘这两个问题都有可能让企业丧失融资机会。

企业不断规范自身行为，让自己在新三板上市，同时认清新三板的融资功能，将融到的每一笔资金用到最合适的地方，发挥资本的作用，企业才能够在新三板市场拿到最好的成绩。

投资者

投资者作为新三板市场不可或缺的重要主体，它的存在能够让新三板市场实现其应有的价值，同时提升新三板市场的活跃度和影响力。新三板市场的投资者和主板、二板市场的投资者有明显的不同，它不像主板和二板那样放开投资市场，进入投资市场门槛较低，它的投资市场有较高的门槛。

对于个体投资者，它要求有两年的证券投资经验或者具有专业会计、财经、金融投资等专业背景，同时要求个体投资者在前一日的证券交易类资产达到500万元人民币。这两个苛刻的进入条件无疑将中小股民拒之门外；对于机构投资者，它要求机构注册资本必须达到500万元人民币，同时实缴的资金额也要达500万元。新三板对投资人近乎苛刻的标准，能够很好地维护中小投资者的利益，避免中小股民因投资知识不全而血本无归。同时这种对投资人限制的制度也是新三板市场换手率、活跃度不高的重要原因。

随着股权众筹试水新三板，新三板的投资门槛逐渐降低，中小投资者可以在股权众筹平台上选择优质项目进行跟投，在新三板市场获得属于自己的蛋糕。新三板对中小投资者的限制，并没有挫伤机构投资者的积极性。基金、PE机构纷纷在新三板市场跑马圈地。

据不完全统计，2014年底到2015年初，招商、财通、兴业、国泰安保等众多基金公司先后通过旗下平台，推出一系列针对新三板的产品，然后贩卖给广大的中小投资者。甚至有的产品发行规模达到几千万元甚至过亿，极大拉动新三板市场的交易规模。

众多私募基金机构也积极涌入新三板市场中，比如鼎峰、理成、少数派等基金也在自己平台上推出针对新三板市场的产品。现在有很多的私募基金的投资额已经超过十亿，随着新三板市场的火爆，投资金额也是持续攀升。

随着新三板市场日趋理性，风险系数的降低，公募基金进入新三板市场的呼声日益高涨。股转系统的相关人士，在2015年多次呼吁，公募基金进入新三板市场。据了解，2015年公募基金的交易系统已经被普遍使用，公募基金投资新三板的政策也会相继出现，有一些公募基金已经建立新三板的投资团队。

相信在2016年，公募基金也会带着诚意进入新三板市场。公募基金作为我国资本市场重要的投资机构，一直处于投资的边缘地带，未能真正发挥出基金的效用。当公募基金真正进入新三板市场，能够极大提升新三板市场交易的活跃度，整个市场也会变得更富朝气。更重要的是能够让普通投资者开始重视新三板市场，有利于培养新三板的投资理念。

另外众多的PE机构也将新三板作为投资的主战场，九鼎投资、硅谷天堂、达晨创投等PE机构频繁地出现在新三板挂牌企业的股东名单中。PE机构转战新三板的原因，除了新三板市场能够给机构提供更好的投资产品，获得更高的利润之外，同时新三板也能让机构有更好的退出渠道，避免资金被套牢。更让人不可思议的是，现在很多PE机构进入新三板市场上市，比如九鼎投资、中科招商等创投机构已在新三板市场上市。PE机构在新三板既当投资者又是挂牌企业，这也颠覆了其原有的商业模式，为其发展打开了一扇更大的窗户。

相信随着越来越多的投资机构的入场，新三板的投资形式也会变得多样，市场的投资潜力得到进一步挖掘。另外随着相关政策的发布，新三板市场的投资门槛必然会降低，个人投资者也能有机会进行投资，分得新三板市场的一杯羹。

但不管市场容量多大，含金量多高，所有的投资机构和投资者都应该注意到新三板市场的风险问题，避免因风险而让自己血本无归。如何做好减弱风险？所有的投资者都应该坚持"做好人，买好股，得好报"的原则。即我们在购买股票时，应该选择一些优质挂牌公司，选择运营模式优质、盈利能力强的企业，与此同时，我们在购买股票时，不要动一些歪门邪念，安分做人，这样我们才有可能获得丰厚的物质回报。

主办券商

主办券商在新三板市场运行中居于中心枢纽位置，是新三板市场不可或缺的组成部分。它被定格为中介机构，承担着企业挂牌、信息披露、帮助企业在资本市场获利的责任。同时它又代理投资者股权转让，对投资者进行风险提示，避免投资者掉入投资陷阱。

主办券商是指取得从事代办股份转让主办券商业务资格的证券公司。截止到2015年底，中国有120多家证券公司，93家主办券商。2/3的证券公司都成为主办券商，足以看到主办券商的好处。证券公司要想取得主办券商资格必须要满足以下规定。

具备相应资格

证券公司首先要成为证券公司协会会员，遵守行业协会相关的规定，按时交纳会费，履行自己的职责。其次公司要经中国证券管理委员会批准为综合类代办券商或者比照综合券商运营一年以上，这样才能证明公司有能力从事代理证券交易。与此同时证券公司还要具备承销业务，外资股业务和网上证券交易的经验。

经营稳健

主办券商作为投资者和挂牌企业的守护者，必须有雄厚的资金支持，给投资者和企业信心。证券公司要想成为主办券商首先要满足企业最近年度资产不低于人民币8亿元，净资产不少于5亿元。同时证券公司的经营也要具备稳健特点，有正常的财务状况，最近两年内没有违法、违纪情况。

拥有业务部门

虽然新三板存在很长一段时间，但它是在最近两年才得以爆发，风险仍然未能得到有效控制。证券公司要想真正将这个业务做好，必须要拥有独立的业务部门，专门处理这些事务。而且业务部门的管理人员必须要有证券公司副总经理以上的高级管理人员负责管理，同时至少配备两名从事证券承销和证券交易的人员，专门披露挂牌上市的信息。

具备健全的内部风险防控机制

主办券商作为新三板市场的弄潮儿，风险是不言而喻的。应对风险的基础就是公司内部自身的力量。如果公司连自身风险都无法控制，很可能在风险来临时成为炮灰。

具备符合代办股份转让系统技术规范要求

当证券公司满足这些要求后，就可以申请成为主办券商，代理股份转让业务。通常申请主办券商的流程如下：

（1）提交文件

证券公司要向中国证券协会提交公司盖章的这些文件：代理股份转让成为主办券商的申请书；证券公司成为主办券商的资格表；业务自律书；《经营证券业务许可证》复印件；《经营股票承销业务》复印件；《经营外资股业务》复印件；证券协会复印件；最近公司年度审计的复印件；公司章程；公司十大股东的说明情况；公司内部风险防控机制；营业点的分布情况；网上公司交易情况；网上交易技术相关证明；协会要求的相关文件。

证券公司提供这些文件能够表明公司经营良好，取得中国证券协会的认可，获得主办券商的资格。

（2）取得预备资格

证券公司提供这些文件后，中国证券协会对文件进行复核，如果协会在20日内没有提出异议，证券公司就会自动取得预备资格，反之，证券公司就要提供更详细的文件。

（3）准备工作

当证券公司取得主办券商资格后，就要开始做机构设置、人员培训、股份登记结算准备工作。

（4）取得业务资格

证券公司落实相关准备工作后，向协会提交报告。协会要对证券公司进行审查、验收，如果合格，向其颁发股份转让系统资格，企业也就能够成为主办券商。

（5）公告

中国证券协会也会对符合主办券商资格的证券公司进行公告，公告后，证券公司就可以开展股份转让相关工作。

证券公司严格按照这五个步骤，成为主办券商，能让公司得到一个更大的发展机会。另外从新三板的运行状况来看，主办券商起着很大的作用，让一些优秀的中小企业获得融资机会，给投资者提供更有价值的投资企业，实现双方的共赢。相信随着新三板市场的不断扩大，主办券商也会得到更大的发展机会。

监管支持机构

俗话讲："没有规矩，不成方圆。"对于新三板市场来讲也是如此，监管支持机构对其进行适当的监管，能够让新三板市场变得更规范。目前新三板市场监管支持由证监会的行政监管和新三板的自主监督完成。

证监会的行政监管主要从以下方面进行：

（1）信息披露

证监会对挂牌企业信息披露有着严格的要求，所有挂牌上市的企业首先要保证披露的信息真实、透明。如果企业披露的信息失实，企业负责人将要面临相应的经济和刑事惩罚。同样，证监会还要求企业进行定期报告，比如定期发布企业年度、季度、半季度的报告，且第一季度定期报告披露时间不得早于上一年的季度报告等等。同时要求企业进行临时公告、其他重大事件的报告。

证监会对企业信息披露的规范，能够有效避免企业信息造假，给投资者提供一个更透明、详细的企业经营状况，更好地维护投资者的利益。更重要的是，当整个市场信息透明，行业得到规范后，新三板市场也会变得更优质，大量优秀新创企业也会扎堆在新三板上市。新三板市场指数的增长也会指日可待。

（2）股票转让

股票转让是新三板市场的灵魂，是市场充满活力的重要表现。但过高换手率直接显示出市场的不稳定性，极易引发投资者的投机活动，当大量的投资者渴望短期套利，整个市场的危险性可想而知。

证监会对新三板市场股票转让进行多项规定，比如只对机构投资人放开，限制个体投资者，设定股份最低交易额，交易需主券商代理等政策，能够有效规范企业股票转让市场，维持新三板市场的稳定。同时股票转让市场对个体投资者进行限制，也能有效避免个体投资者因投资不善而血本无归。

（3）定向发行

定向发行是很多挂牌企业获得融资的重要方式，但有的企业将定向发行作为企业的重要事务，超过定向发行的正常标准，企业的发展也会走入死胡同中。证监会通过"企业符合豁免条件进行定向发行""定向增发人数不超过35人""定增股票价格要根据企业每股市盈率、所处行业、成长性因素"等规定，能够有效对企业定向发行合理控制，防止企业经营者因利忘义，丢失挂牌最初的目的。

证监会这三个监管措施，实现对挂牌企业的有效控制，更好地规范企业市场行为，真正做到为股民谋福利，维护企业利益。证监会监管固然能够对企业进行管理，但外部监管终究是一股外力，当新三板市场在接受它的监管时，产生抗拒思想不可避免。要想真正让市场达到正常健康的水平，新三板市场的自我监管至关重要。

如何让每一个在新三板挂牌的企业能够自我监督，主动去向投资者呈现最真实、有料的公司年度计划，在公司有相关改革时披露信息，不粉饰企业的收入？这就需要每一个企业经营者时刻记住挂牌的目的，明白挂牌所获得的一切都是为了实现公司的快速发展，为消费者带来好处。这样整个新三板市场就会变得非常"干净"，市场的发展也会指日可待。

另外，不仅是企业要进行监督，每一个投资机构也应该进行自我监督，坚决不碰高危投资，不参与抬高股价活动，做好自己投资的本分工作。当企业和投资者做好自我监督，做好自己本分工作，监管的效用也能得以实现。

证监会和市场的自我监督这两大利器能够有效地规范新三板市场，让整个市场趋于理性，更健康，让它真正成为投资者和企业实现财富增值的沃土。

中介机构

企业在新三板上市时,仅凭一己之力很难在短时间里走完上市之路,甚至很可能"赔了夫人又折兵",白白浪费了时间和金钱。为了让企业快速登陆新三板市场,享受资本市场的青睐,企业还需要中介机构的帮忙。

(1)会计事务所

企业在上市时需要披露企业营业收入、经营和盈利状况,提出企业上市审计报告。如果单凭企业自身会计部门的能力可能很难完成这个任务,同时内部做出的审计结果也无法让投资人心服口服,这时企业就需要会计事务所的帮忙。

会计事务所要做以下工作:

①负责企业审计改制工作,并出具相关审计报告。

②负责企业资本验证,并出具验资报告。验资报告能够有效地向投资者展现企业的资本状况,为企业获得融资背书。

③对企业的财务报表进行审计,并出具两年及一期的审计报告。

④对发行人原始财务报表和申报财务报表差异提供指导建议。当企业聘请会计事务所进行审计时,也会给会计事务所提供一份原始报表。会计事务所在实际考察过程中不可避免地会出现差异,这时会计事务所要给企

业一些出现差异时的指导建议，更有利于企业抢占机会。

⑤给上市企业提供相关会计方面的咨询服务。会计事务所不仅仅给上市企业提供审查服务，还要适时对企业提供会计方面的咨询服务，真正解决企业上市的难题。

(2) 律师事务所

企业在新三板发行股票时，为保证其发行股票的有效性和权威性，必须要寻求律师事务所的帮忙。律师事务所的工作如下：

①对挂牌企业改制重组方案进行论证。

②指导挂牌企业进行股份变更。有的企业在挂牌前属于有限责任公司，如果企业想要上市，就必须对股份制进行变更，此时律师事务所就应该随时贴身企业。

③对挂牌企业在挂牌中的法律事务进行帮助。企业在挂牌过程中不可避免要涉及一些法律问题，比如法人、股东的更换问题，股票发行的法律问题，律师事务所及时帮忙，能够解决挂牌企业的法律困扰。

④对企业的历史变革、股权结构、独立性、税务等公司法律意义的合法性进行判别。

⑤对企业在挂牌过程中文件的合法性进行判别。企业在上市过程中会颁布多项文件，要想这些文件对企业日后发展有价值，就要保证它在颁布时具有法律效力。律师事务所让企业挂牌过程中的每一个文件具有价值，更好地维护企业利益。

⑥协助和指导企业起草公司章程。大部分企业经营者对上市法律认知是比较少的，不知道如何用法律来维护公司的利益。律师事务所在企业上市过程中全程协助和指导企业，让企业享受到更多法律的益处。

⑦出具企业挂牌所需法律意见书。

⑧对企业有关申请挂牌的文件提供自己的意见和看法。

企业借助律师事务所能够扫清企业上市法律难题，让企业上市时有法可依，让企业获得更大的利益。

(3) 资产评估机构

企业在上市过程中要对外公布自己的资产，通过资产来吸引投资者。如何客观、公正地得知自己的财产状况，这时企业就需要借助资产评估机构来帮忙。资产评估机构是指组织专业人员依照有关规定和数据资料，遵循特定的方法和计价标准，对资产价格进行专门评估的机构。

通常资产评估机构在资产评估时按照以下七个步骤进行：第一步是明确资产评估的注意事项，知道从哪方面进行评估，如何侧重；第二步就是签订资产评估协议书，保证企业和资产评估机构的利益；第三步就是编制资产评估计划，让评估更好地被执行下去；第四步资产勘察，不仅要勘察企业实物，还要对企业虚拟资产，比如品牌资产进行勘察；第五步收集资产评估资料；第六步评定预算；第七步向企业提交资产评估报告。

借助资产评估机构能够有效帮助企业客观公正地了解自己的财产状况，制定科学的定增计划，同时也能让投资者对企业有更深的了解，敢于将资金投入到企业。

这三大中介机构共同助力企业登陆新三板市场，让企业享受到资本青睐。同时，这三大机构也能让新三板市场符合法律的规范，更好地维护投资者的利益，实现新三板市场保持长远、健康的发展态势。

第 4 章

新三板的基本规则解读

新三板市场得以做大,很重要的原因就是它有一套系统的规则体系,健全的法律制度和完整的操作程序。这些基本规则能够让投资者和企业有章可循,短时间内实现财富的积累,市场也因此保持旺盛的活力。

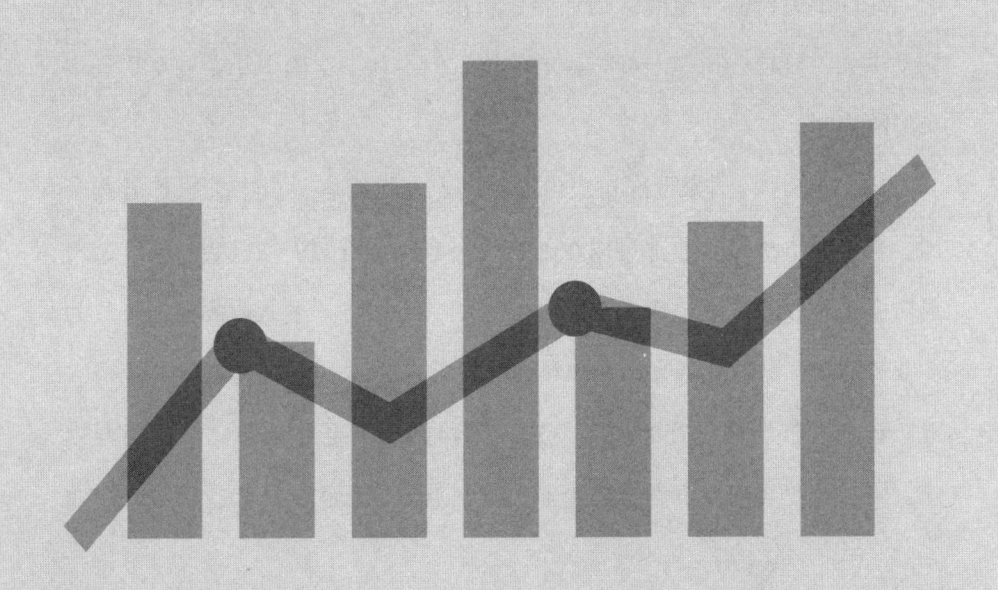

新三板的规则体系变动

新三板作为我国资本市场重要的组成部分,其在国家经济环境和资本市场的变动下,也在不断调整自身的交易规则体系。这些变动让新三板市场朝向一种良性的发展方向,更好地满足投资者和企业的需求。

新三板规则体系变动详细体现在准入环节、结算制度、信息披露、市场变迁等方面。

2012年以前,新三板市场对准入企业的要求高,要求企业有两年以上持续经营的能力,主营业务突出,同时保持较高的盈利模式,更重要的是它只允许中关村的科技园区的企业登陆新三板。这种准入制度,虽然极大调动中关村科技公司登陆新三板的热情,但不利于全国中小企业享受资本市场的福利。

2013年6月,国家批准对股份交易网点实行扩容,由中关村扩展到全国,全国的中小型企业都可以在新三板上市,获得融资的机会。另外,市场对上市企业的标准也有一定程度的减低,比如将"主营业务突出"改为"业务明确",对业务突出不作具体的要求。

新三板市场从良好的盈利模式,转移到要求企业具备良好的商业模式。同时企业要向投资者描述企业经营网点的分布状况,让投资者对企业有更深的了解。新三板市场准入门槛的降低，极大地激活了新三板市场，市场也变得一片欣欣向荣。

除准入政策外，新三板企业信息披露规则上也有不小的变动。最新新三板规则要求挂牌企业进一步充实风险提示知识。这和过去风险披露相比更严苛，能够更好地保证投资者的利益。另外现在新三板市场还要求企业披露高管和核心技术人员变动对企业影响的公告，还要求企业必须聘请相关证券机构会计事务所，披露企业最近两年的财务利润表。

披露信息规则的变动，能够让投资者及时知道企业的运营状况，最大限度维护资金的安全。与此同时，也能让企业进行自我监督，实现良性发展。

新的结算系统出台

新三板市场两次扩容后，市场逐渐成熟，资本市场功能也在不断解放，原有的结算系统稍显滞后。最终在2014年5月19日，全国中小型企业股份转让和交易系统正式上线，支持上市的公司进行协议转让和竞价转让。

新的结算系统提高了市场的活跃度，但是仍然不能满足投资者的交易需求。为彻底搞活市场活跃度，2014年6月15日，新三板的做市商制度出台，企业可以根据竞价的高低选择投资者，企业和投资者参与新三板市场的热情变得更高涨。

市场更规范

经过资本市场的洗礼，新三板市场变得更理性，能够更好地保证企业和投资者的利益。2015年3月18日，全国股转系统正式发布新三板指数，新三板进入指数时代。新三板指数的颁布，标志着新三板市场行情有了"风向标"，能够进一步引导更多的投资者进入市场中。

全国股转系统除了发布新三板指数外,将来还会对挂牌企业进行分层,将挂牌企业分为创新层和普通层。创新层是代表那些商业模式清晰、盈利可观的挂牌企业,而普通层是那些风险高的企业。分层能够给投资者提供更好的投资选择。

当创新层的企业越多时,投资者选择的机会也会越多,新三板的市场也会更合理。另外,新三板500万元的准入门槛也会随着私募基金、公募基金的加入而降低,普通投资者也能有机会进入市场,整个市场会变得更规范。

新三板这些规则体系的变动能够进一步打开新三板市场容量,让新三板市场迎来一个更大的发展机遇,让中国的"纳斯达克"名副其实。

新三板的基本法律制度

证监会对企业在新三板上市的政策越来越宽松，中小型企业到新三板市场上市的热情日益高涨。但不管政策如何宽松，如果企业不符合相关基本法律制度，仍然面临不能上市的困境。

企业挂牌新三板的必备条件

根据《全国中小企业股份转让系统》规定，中小企业在挂牌时必须要满足以下条件。

（1）依法设立并且存续两年

依法设立是指公司依照《公司法》等法律、法规成立，并取得《企业法人营业执照》。申请挂牌时要依法存续，经过年检程序。

（2）业务明确，具有持续的经营能力

业务明确是指企业能够明确地阐述经营业务状况，清晰自己的商业模式。公司可以同时经营多种业务，但每种业务都要具备关键资源要素，该要素能够具备投入、处理、产出的能力。持续经营能力是指投资者基于企业发布的财务报告，能够预见企业未来的发展状况。

（3）公司治理机制健全，合法规范经营

何为公司治理机制健全？即公司按照相关规定，建立股东大会、董事会、监事会和高级管理层（俗称"三会一层"），然后制定相关规定，保护股东利益。合法规范经营，即要求公司的管理层人员遵守相关法律，比如控制股东，在24个月内不能存在重大的违规行为。同时公司还要在36个月内不存在违规发放股票的记录。

（4）股权清晰，股票的发行和转让合乎法律法规

股权清晰是指公司股权结构清晰，股东权属分明。公司的股东不会因为股权的分配而发生纠纷。同时，公司也不能在最近36个月内擅自发行股票和证券，一旦有违规发行股票经历，企业很可能丧失上市机会。

（5）主办券商推荐并持续督导

主办券商作为新三板市场重要的参与主体，能够为投资者更客观、公正地推荐优质上市公司。若企业在一定期限内没有主办券商参与督导，即使上市也会面临退市风险。

（6）全国股份转让系统公司要求的其他文件

当企业满足这些条件后，并不意味着已达到新三板上市的法律要求，企业在上市过程中还要不得不面对以下法律制度。

（1）主体资格问题

待挂牌企业若上市前是有限公司，企业就要依照《公司法》《公司登记管理条例》将公司由有限公司转成股份公司。另外企业在转化过程中，必须要严格依照相关法律法规，履行必要的验资过程，让企业主体资格得以确定。外资投资企业在上市的过程中，也应该要求律师、券商批复相关的文件。

（2）股东适格

对股东身份要进行验证，比如公务员、国有企业领导人、证券公司从

（3）审查出资方式是否合理

关于出资方式的规定，股东出资的资产可以是货币，也可以是实物、知识、技术等，企业在核实资产时不得高估和低估作价。另外股东现金出资比例不得低于注册资本的30%。

（4）解决无形资产的问题

很多挂牌企业存在出资不实的硬伤，挂牌企业要想在资本市场快速发展，必须要解决这个问题。通常无形资产的问题可以从5个方面解决。

①如果企业无形资产比例过高时，企业可以出具相关的法律文件，证明无形资产过高不影响企业的后续发展，不妨碍股东收益。同时也要告知无形资产会给股东更大的好处。

②针对无形资产存在瑕疵的问题，企业可以在申请挂牌前，将无形资产转移到企业，并且让有关验资机构出具相关证明，以免企业申请挂牌时碰到障碍。

③如果企业无形资产存在评估问题，这时企业可以申请重新对企业资产进行评估，得到一份全新的评估报告，用这份评估来征服投资者。

④出资不实的问题。针对企业出资不实的情况，企业可以通过补资或减资的方法解决这个问题，更好地符合法律的规范。

⑤出资不当的问题。企业出资来置换那些不当的问题。

（5）股份代持

股份代持是指实际出资人与他人约定，以他人名义代理股东履行相应的义务。在新三板市场，证监会明确提出禁止股份代持，因为股份代持很容易出现股份不清，股权错位，滋生企业产生腐败事件，损害投资者的利益。

当企业在上市过程中符合相关法律规定，在新三板上市后，企业在运行方面还要遵循相关的法律制度：

①保证企业"三会一层"有效运行。②做好董监高的任职资格。③企业劳动人事问题。④企业的独立性问题，企业业务、财产、人员、机构有没有真正实现独立，真正保证投资者和企业的利益。⑤新三板的转板法律制度等等。

当企业遵守这些相关法律规定，扫清企业上市相关法律的障碍，企业上市速度也会加快，同时企业也能得到市场的保护，在资本市场能走得更远。

新三板的基本操作程序

企业在新三板上市过程中，掌握一定的操作程序和方法，能够缩短企业上市时间，降低企业上市成本。通常企业登陆新三板市场，要经过四个操作阶段。

（1）决策改制阶段

企业登陆新三板市场首先要做的就是将有限责任公司改成股份公司。在决策改制阶段，企业需要借助中介机构，如律师事务所、会计事务所以及主办券商。同时要选定改制基准时间，让企业改制有一种压迫感，让企业改制在短时间内完成。

有限责任公司更改为股份公司应该满足以下八个要求：

①企业有清晰的战略目标，知道下一步的战略是什么，从哪个方向来促成工作的完成。

②有突出的主营业务，有核心竞争优势，能够保证企业在市场站稳脚。

③无同业竞争和关联贸易。

④企业股权清晰，无法律障碍。

⑤公司在"三会一层"的监督下运行，公司成员不会因为股权问题而出现争执。

⑥企业有完整的主体经营业务，资产、人员、财务、机构实现独立。

⑦具有健全的财务制度。

⑧内部有相关风险控制机制，保证投资者和企业的利益。

另外当企业在进行改制时，也应该根据《公司法》《全国中小型股份转让系统规则》《非上市企业管理办法》等法律，让企业的改制受到法律的保护。

（2）材料制作阶段

企业在挂牌上市时不可避免要向证券会提交各种资料来证明企业财务、业务的清晰。企业在材料制作阶段要完成以下主要工作：申请挂牌公司的董事会，股东大会，通过企业挂牌新三板的各种决议，让上市之路走得更顺畅；制作挂牌申请文件，让企业在挂牌时有章可循；让主办券商进行内核，不断打磨自己，让资本市场接受自己；主办券商推荐，各中介机构相互配合，共推企业上市之路。

（3）反馈审核阶段

企业在向证监会递交新三板市场上市报告后，需要等待证监会进行考核，大约45—60天。反馈审核阶段的流程如下：

①接收资料

目前全国股份转让系统已经设有专门接收材料的窗口，接收企业的上市材料。当股转系统接收企业资料后，就应该对企业进行相关的审查工作，审查企业资质、股东状况、财务状况等。如果企业材料不足，股转系统也会通知企业进行补充，反之，股转系统会默认企业递交的材料。

②给出反馈经验

股转系统针对企业提交的资料会提出自己的反馈意见，让企业进行相应的整改，或者给企业提供更有价值的反馈经验，这有利于企业的上市之路。

③给出审查意见

当企业符合上市的条件后，股转系统会给一个确切的答案，同意企业上市。这样能够更好地为企业留出上市准备时间，作各种准备活动。当企业不符合上市标准时，股转系统也会断然拒绝。

（4）登记挂牌阶段

企业拿到上市资格后，就要准备相应的上市工作，比如分配股票代码，办理股份登记的保管以及相关准备等工作。提前做好这些工作，能够避免企业在上市时手忙脚乱。

新三板的这一套基本操作程序能够有效解决企业挂牌的难题，完成企业的上市愿景，让企业更快地融到资金，在资本的助推下，企业才能快速前行。

Part 2
新三板的价值系统

新三板的诞生无论是对于资本市场的发展，还是对中小企业的发展以及"上市梦想"，还是对投资者来说，都具有举足轻重的意义。

第5章

资本市场的"助推器"

2015年是新三板快速发展的一年，3月份新三板指数推出，12月份上市挂牌企业突破5000家，市场得以快速增值，资本市场的"助推器"名副其实。新三板快速发展不仅完善了多层次资本市场，提升市场的流动性，最大限度发挥资本市场价值，同时它牵手金融机构，共同打造新三板金融服务生态圈。相信随着新三板逐步发展，中国的资本市场将会更完整，价值性也会更高。

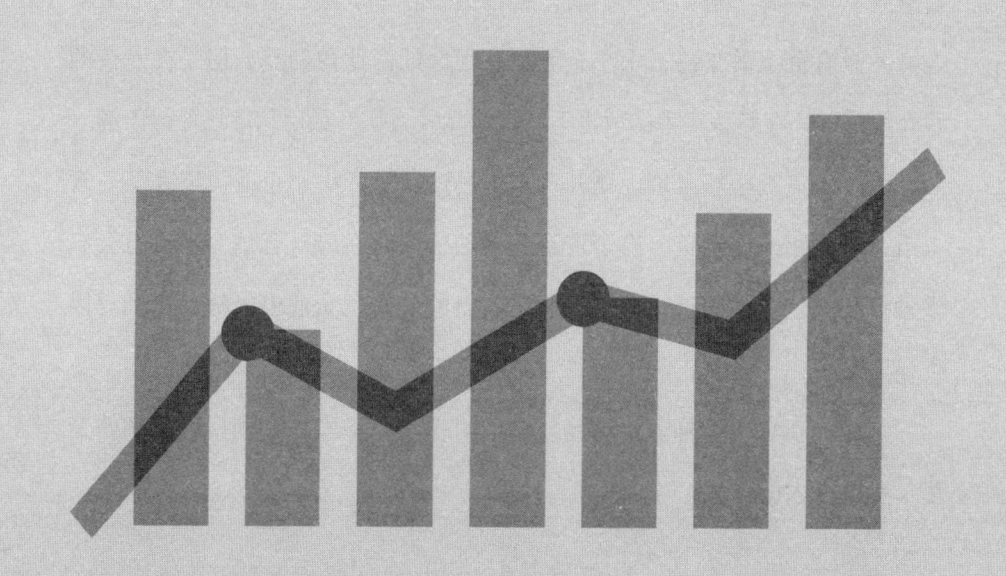

完善多层次资本市场

目前，新三板不仅扮演着场外交易市场，为企业提供融资渠道的角色，同时对我国多层次资本市场的完善有着重要作用。具体而言，新三板对我国资本市场的完善体现在以下几个方面。

（1）弥补资本市场缺口，解决中小企业的融资难题

我国主板市场和创业板市场虽然能够在短时间内快速获得融资，但是它们对企业要求多、门槛高。那些规模小、技术更迭快且风险高的企业很难满足其对上市公司的要求，更别提融资。与此同时，由于这些中小企业自身经营风险高，盈利模式不清，银行也一直不敢给它们提供足量的贷款金额。没有资金的支持，中小企业虽有很好的商业盈利点，但是在巨头的联合绞杀下，在竞争对手的攻击下，很快元气大伤，最后从市场黯然离场。

而今新三板市场出现，撕开资本市场的口子，中小企业可以在新三板上市，拿到相应的融资。有了资金支持的公司，在应对竞争对手时也会有多种打法，让自己获得一个更有利、安全的位置，企业也能够在市场得以生存下来。

因此，新三板弥补资本市场缺口，对中小企业发展和国民经济的快速增长有着巨大的作用。

（2）为资本市场转板制度的完善提供条件

转板制度就是企业在主板、创业板等资本市场相互流动的一种制度，当企业从创业板市场转到主板市场后，能够增加股份的流动量，得到更大的融资机会。但在目前，我国并没有形成直接的转板机制，企业不能像外国企业那样享受转板的种种好处。可是在新三板市场，证监会就为这些挂牌的中小企业开辟绿色通道，在新三板上市的企业发展成熟后，可以转到创业板、主板市场。截止到2015年5月底，新三板市场已经有10家转板成功的上市企业。比如久其软件、北陆药业、世纪瑞尔、佳讯飞鸿、紫光华宇、博晖创新、东土科技、安控科技、双杰电气。

新三板市场的存在能够促进那些优质高新技术企业快速成长，当这些优质企业快速成长，实力做大变强转到主板市场时，也有利于主板市场的完善，这有利于我国资本市场的健康发展。

（3）有利于资本市场风险投资退出渠道的完善

我国资本市场一直集中在A股市场层次上，虽然这能够让上市企业融到更多资金，但是也让A股市场的风险高居不下。例如在2015年6月份，A股出现了断崖式下跌，有的股票接连十几天跌停。很多股民的资产在很短时间内损失过半，有的人甚至是倾家荡产。而今新三板市场的逐步发展，逐渐完善，大量的资本进入市场，也能让整个资本市场的风险一分为二，资本市场风险投资退出渠道得以完善，资本风险也得以控制。

（4）高科技人才的加入，资本市场结构更完善

现今，人才在企业中发挥着越来越重要的作用，一个企业的快速崛起，能否抢占蓝海，人才至关重要。人才越来越有价值，这也让人才的胃口越来越大，越来越挑剔。高薪、分红已经不能长久留住人才。因为这两

种激励方法，一方面会加重企业的运营成本，不利于企业进行创新；另一方面当其他企业出更高的奖金来"引诱"员工时，员工很有可能选择跳槽。

当企业在新三板上市后，可以借助股权激励的方法来实现长久激励人才，人才在股权激励下也会为企业付出更多的心血，更愿意长久留在企业，企业也会得以发展壮大，更利于国民经济的发展。

另外，新三板市场发展也在加速我国场外证券市场的形成，间接让我国资本市场变得更完善。资本市场真正成为众多优秀新创企业、投资者跑马圈地的竞技场，发展潜力彻底打开。

提升市场流动性

过去我国的资本市场一直被主板、创业板垄断，而在主板、创业板当主角的一直是实力雄厚、盈利模式优质的企业，很多风险系数高、实力不强的企业只能无奈打量A股市场，得不到所需资金。新三板市场的出现，改变资本优秀的规则，给企业提供上市的平台，那些小企业甚至目前未能获利的企业都能上市，取得融资机会，同时它还能让大量资本找到根据地，实现增值。

更重要的是随着新三板市场的不断完善和发展，大量资本和企业也都在积极踊跃进入市场中，这使得资本市场流动性空前提高。截止到2015年，在新三板上市的公司就突破5000家，日交易额也突破4亿元，整个市场显示出巨大的发展势头，中国版的"纳斯达克"已然成形。

新三板就像个"野蛮人"一样叩响了资本市场的大门，颠覆资本市场规则，让资本不只是紧紧围绕着A股上市的企业，而是正悄悄注视着新三板市场那些优质、高科技企业。资本目光的转移，大大提升资本市场的流动性，这也让新三板的市场地位得以快速提高。

新三板市场发展前期，在交易、结算方式、企业的信息披露上，在法律法规、整个市场的容量上，和A股市场相比差距很大。比如新三板企业在交易上采用的是协议转让的方式,即投资者和企业进行线下协商,如果双方达成协议则完成交易。这种方式虽然能够让交易更真实,更好地向对方传达出自己的想法和建议,但是不利于整个市场快速做大,同时浪费对方宝贵的时间,造成资源的浪费。

为了让新三板市场的流动性带动整个资本市场活跃度,国家先后出台了相关政策。比如在2014年8月25日,《全国中小企业股份转让系统股票细则》出台关于新三板市场做市商制度,做市商是指证券公司和符合条件的非券商机构,使用自有资金购买新三板上市公司的股票,然后通过自营买卖获取中间的差价。做市商制度最大的好处是,当证券交易商购买一些优质冷门的股票,并将这些冷门股票卖给投资者时,既提高了这些公司的知名度,也盘活了整个新三板市场,整个市场的流动性也会提高。

新三板市场提升市场流动性的政策不仅有做市制度,还有发布新三板指数和对市场进行分层。新三板指数的颁布能够更客观、真实地反映出市场变化、经济环境的情况,投资者也能根据指数变化来选择投资,这样整个市场也会变得更透明,更理性。也会有更多的投资者参与到新三板的投资中,市场的容量也会做大,市场也会保持一个更好的发展态势。

证监会主席肖钢在2016年全国证券期货工作会议上指出,如果市场条件成熟,分层制度和公募基金入市将有可能尘埃落地。依据挂牌企业的经营状况和风险等级,对挂牌企业进行分层,能够让整个市场透明度更高,投资价值更高,还能够真正保护投资者的实际权益。当投资者选择质量上乘的企业进行投资,避免掉入投资中的陷阱,实现财富的积累时,必定有更多的投资者在这个红利下,积极参与到新三板市场投资中,这样市场交易额、市场容量也会出现井喷式增长。另外公募基金积极入市能够让投资者获得高收益的同时，承担更小的风险，对于市场活跃度的提高是一个利好消息。相信随着未来政策的不断推出，新三板也会以资本市场的主人翁姿态出现。

新三板撕开了资本市场的口子，并且在这个口子下推出各种各样的政策和法规，从而不断完善自己，让自己在资本市场的话语权更重，更有价值，提升了整个资本市场的流动性，将中国经济引向更美好的明天。

牵手金融机构形成合力

全国中小企业股份转让系统（俗称"新三板"）不仅为中小企业提供融资平台，提高企业的知名度，还帮助其享受到更便捷的银行金融服务。2013年，新三板与工商银行、农业银行、建设银行、中国银行等7家商业银行签署战略合作协议；2014年，浦发银行、招商银行等15家银行和新三板达成战略合作。根据协议，这22家银行在符合法律法规、风险控制的前提下，将会为这些上市企业提供优质金融服务，共同和新三板市场促进中小企业的快速发展。

具体到银行提供的金融服务有以下三个方面。

（1）开展融资业务

22家银行会根据挂牌企业和拟挂牌企业的经营状况、盈利模式、团队情况授予企业相应的信用额度，然后根据企业信用额度发放贷款。信用额度越高的企业，获得融资的金额也会越大，反之，信用额度越低的企业，融资金额也会越少。

另外银行还会为挂牌企业提供传统融资和创新融资业务。传统融资业务也就是企业用固定资产，比如厂房、机器设备进行抵押获得融资。但对于中小科技企业来讲，它们固定资产相对较少，传统融资方式不能为企业提供更大的融资金额。而创新性融资业务就能够很好地解决这个问题，企业可以用股权质押、知识产权、企业订单来获取融资机会。

银行对新三板上市企业开展融资业务，缓解企业资金周转困难，解决企业的后顾之忧，真正为企业的发展助阵。

（2）针对新三板市场开发相应的投资理财产品

没有涨幅限制的新三板市场，相比主板和创业板，是一个投资回报相当丰厚的市场，如影视股春秋鸿首日做市，股票涨幅达2000%，这在主板市场和创业板市场是很难想象的。不可否认，新三板市场的风险性也远远高于主板和创业板市场，投资者稍有不慎很可能会倾家荡产。

银行根据新三板高收益高风险的特性，在法律允许的范围内，将新三板市场的一些优质股票推荐给那些净资产高、风险承受能力强的客户，这样新三板市场拥有更多的投资者，市场的活跃度也会有所提高。另外有的银行主动开发设计新三板市场专项产品，做一些风险小的标的，让普通投资者也能享受到新三板市场的福利。

（3）合作共赢

"没有永远的朋友，只有永远的利益"这句话也同样适用于银行和新三板合作。要想让两者实现长久合作，必须要让双方都能获益，谁也离不开谁。

22家银行依据自家大量的营业网点和数以万计的优质企业客户，积极推荐符合上市资格的优质企业客户到新三板市场上市，这种影响力难以估计，当22家银行共同发力，能够让新三板市场容量进一步打开，保持火热状态。与此同时，新三板和这22家银行在资产管理、现金管理、票据和担保等业务有战略合作，银行能够从合作中找到属于自己的蛋糕。共同获利，实现双赢，两者合作才能走得更远。

新三板和金融机构达成合作，能够有效打通融资的渠道，让挂牌企业快速获得融资，实现快速发展，与此同时也能为银行提供新的业务，促使银行在新时代下进行转型升级，让资本市场的机构更合理，真正让资本市场朝向更美好的未来。

第 6 章

中小企业的"圆梦人"

新三板上市难度远远低于主板和创业板,即使企业没有实行盈利也能够实现上市梦想。另外随着国家对新三板扶持政策的不断出台,新三板的市场的影响力也在不断提高。中小企业在新三板市场也能实现融资、企业资本运作,达到提高知名度、增长员工对企业的信心的效果。

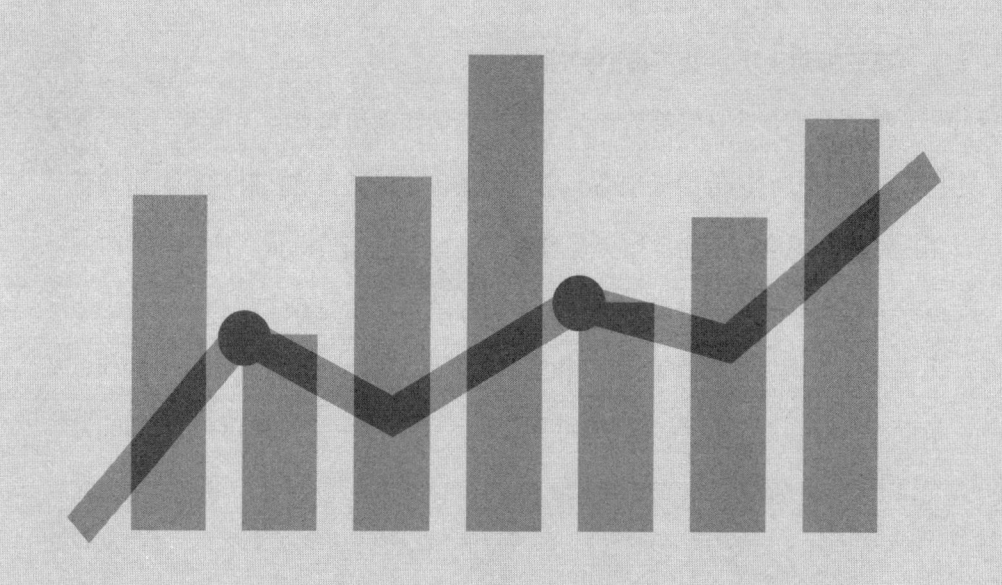

圆中小企业的"上市梦想"

"企业上市"一直是很多经营者的梦想,因为企业一旦上市,企业知名度会大幅度提高,吸血融资的能力也会空前提升,经营者的个人财富也会急剧提升。过去企业实现上市梦想的渠道就是主板和创业板市场,但主板、创业板上市的门槛颇高,这让很多中小型企业经营者的梦想变成泡沫。而今局势骤变,新三板市场逐渐成为资本市场的重要分支,影响力不断增大,更重要的是它的上市门槛相对主板和创业板更低,中小企业在门槛相对不高的新三板上市,就能够实现"上市"的梦想。中小企业梦想得以实现主要得益于新三板这两个因素:

新三板对上市企业不设财务门槛

很多中小企业在发展阶段为了抢夺市场和销售渠道,又或者为了培养用户的使用习惯,会给经销商、用户提供各种补贴,这些补贴无疑会加重企业的运营成本,让企业财务出现透支。财务透支情况很可能在一段时间内长期存在。一个财务透支的,没有资金余量的企业在主板和创业板上市无疑是痴人说梦。因为创业板和主板市场要求企业必须最近两年盈利,最近两年的利润累计不少于1000万元,而且最近一年纯利润要达到500万元以上,同时最近一年的营业收入要超过1500万元,年收入增长率也要在

30%以上。

主板、创业板严苛的财务标准,阻碍了一大批盈利模式尚未清晰的中小企业。而新三板不设财务门槛,即使企业目前处于亏损状况,只要有清晰的商业模式,股权结构合理,未来能够实现盈利的都可以上市。

新三板上市具有高度的弹性

新三板的挂牌标准多为定性的条件,而且贯彻券商掌握,企业有利的原则。这也使得券商在法律的规范和要求下,总是尽可能给待上市公司提供更多便利之处,让中小企业快速实现上市梦想。但是在主板或者创业板市场上,对企业挂牌就有着严格的硬性标准,比如创业板有着严格的主营业务、管理层、实际控制人的标准,而且控制人的更换都有可能阻碍企业的上市。新三板就比较灵活,只要主营业务、管理层的变动有利于企业发展就可以。

新三板上市标准高度的弹性,让挂牌企业不会因为类似主板、创业板的条条框框而丧失挂牌机会。这两个因素极大降低了新三板的门槛,很多在过去根本不可能上市的企业,也可以在新三板市场找到属于自己的机会。

作为首家登陆资本市场"专业从事投资咨询和管理业务"的达仁资管,自2014年1月12日挂牌后,营业收入就高达940.49万元,净利润达512.6万元,同时企业的后续发展之势也是不可估量。与企业漂亮的业绩相比,员工数量更引人注目。公司所有的员工加在一起只有10个人。投资岗位4个人,管理岗位2人,销售岗位2人,财务岗位2人。另外企业10名员工中有7名是企业的高管,决定企业重大事项,对投资者披露企业的经营状况。这种公司的管理机构和经营方式,很难在A股市场取得上市资格,更别提获得融资。但是在新三板市场，企业就能够上市，获得融资，做大做强。

新三板的低门槛上市标准，能够圆中小企业的"上市梦想"，让企业真正享受到资本的青睐，获得更大的发展助力，实现快速发展。但同时，所有的上市企业经营者都应该明白，企业上市只是个手段，不是目的。如果经营者一味通过增发股票、路演获取人生财富，不去关注企业产品、服务的情况，只会让企业的上市本末倒置。企业不仅会错失投资者的青睐，也很有可能因产品或服务问题遭受用户的抛弃，让企业的发展陷入泥潭，最终让企业从市场中黯然离场。

因此经营者在企业上市后，应该保持清醒的大脑，将所融的钱用于企业产品和服务的改进上面，让产品更具竞争力，获得更多用户的支持和喜爱，当用户对企业产品保持较高的忠诚度时，企业的发展才会进入一个疾驰的快车道上，才能真正做大做强。企业上市的目的也就实现了。

增强企业融资能力

新三板扩容至全国后,发展势不可挡,挂牌企业的数量和规模不断壮大,影响力越来越大,越来越多的中小企业将新三板定位成掘金地,企图实现企业的快速增长。为何企业扎堆选择在新三板上市?一个很重要的原因就是新三板增强企业的融资能力,解决中小企业的资金周转困难。

新三板能增强企业的融资能力有以下原因。一方面它给中小企业提供一个可以获得融资的平台。因为过去中小企业要想获得融资,其中一个渠道是去主板或者创业板市场,获得中小股民的支持。但企业要想在主板和创业板上市,必须要满足众多严苛的上市标准和较高的门槛。很多中小企业由于资历不够或者各种各样的问题而无法上市,失掉融资机会。中小企业还有一个获得融资的渠道就是向银行贷款,但银行出于风险考虑,也会因为企业风险高,未实现盈利,很大程度上不能给企业提供足量的贷款。

而今新三板市场的出现,能够为企业融资搭建一个平台。企业将自己的状况和盈利模式贴到平台上,吸引到全国各地的机构投资者,如果投资者愿意投资企业,通过线上交易平台就能够完成投资,中小企业也能在短时间内获得融资。

另一方面,信用等级的提升也能让企业获得更多的融资机会。当一些优质企业获得融资,取得快速发展,给投资者带来丰厚回报后,相应地,它的信用额度也会随之提升。这时企业再进行二次融资时,融资的金额和之前相比,也会有很大的提高,企业也可以融到更多的资金。与此同时企业融资方式也会发生相应的变化,企业不必采用传统融资方式,可以通过股权质押、知识产权抵押的方式来获得更多的融资。更让人欣喜的是,目前新三板和一些商业银行达成战略合作,银行根据挂牌企业的情况提供一定额度的贷款,更好地解决企业的燃眉之急。

东芯通信是一个无盈利、无营收、无净资产的"三无"公司,在2011年企业营业收入为10万元,负债665.78万元,2012年营业收入为20万元,负债1142万元,2013年营业收入为10万元,亏损1200多万元。为了解决发展困局,企业必须要获得相应的融资。最终企业经营者选择在新三板挂牌,由于新三板市场对企业财务的无限制,企业在2014年3月份成功挂牌上市。当年6月,企业成功发行300万股股票,融得1200万元。经营者拿着1200万元,成功解决企业资金短缺问题,借助这1200万元,企业也渐渐走上发展正道。

东芯通信融资成功的案例,有力地证明新三板市场具有超强的融资能力,能够成为中小企业重要的融资市场。这种融资情况在主板市场是很难看到的,如果企业三年负债,不可能上市,更不能融到资金。为什么对看似无法获利的投资,新三板的投资机构敢出手,这就是新三板市场的魅力所在。

新三板市场投资的高门槛决定着它的投资者是机构,而不是普通的投资者。机构投资者在投资时和散户比起来,他们更理性,有更大心血和精力对投资企业进行详细的调查,这对于散户来讲很难做到。投资机构在投资东芯通信前,对企业进行详细的调查,它们发现东芯通信虽然连年亏损,但是它亏损很大的原因就是企业对研究不断投入,同时企业所投资的项目在未来有很大的发展前景,具有很大的盈利机会。更重要的是,企业的一些投资成果逐渐有了回报,有的科研项目已经取得了盈利。这些因素让众多投资机构敢于向企业进行投资。

新三板市场能够为中小企业搭建融资的平台,增强企业融资的能力,为企业发展助阵。但所有待挂牌和已挂牌的企业经营者更应该明白,要想获得投资者的青睐,让投资者敢于将资金投到企业中,企业必须要有优秀的产品和清晰的商业模式。反之,如果企业不注重创新,产品也没有亮点,团队也一团糟,这样,即使新三板市场融资能力再强,整个市场活跃度再高,挂牌企业获得融资的机会也将会很小。

提升知名度，强化企业品牌

挂牌上市后，企业最直接的改变就是企业的知名度得到提升，过去无人问津，现在投资者络绎不绝，另外，企业的品牌实力也得以增强。知名度提升最直接的好处就是企业的融资变得不再困难。

据三景科技总经理徐一青介绍，当企业未上市前，投资者很少。另外，在和投资者进行会谈时，要花相当长的时间和投资人介绍企业具体情况、盈利模式，有时花了很长时间来介绍企业后，投资人会因企业知名度不够，产品没有市场而拒绝向企业注入资金。

当三景科技企业在新三板上市，经股转平台推荐、媒体曝光后，企业知名度迅速打开。过去拒绝过的一些企业的投资公司现在主动前来公司洽谈投资事项。三景科技上市仅两个月，就签订4000万元增发募集协议，这在以前是难以想象的。募集得到的这4000万元为企业目标打下坚实的基础。另外，企业知名度提高，也让银行提高信贷额度，企业可以从银行拿到更多的资金用以企业的基础工作。

上市企业知名度的提高，也有一定的捷径。如果企业是行业率先挂牌的，知名度的提高也会出现指数级增长。2014年1月16日，上海纬和汽车股份有限公司在上海股权交易所挂牌成立，作为第一家挂牌上市的汽车经销商，它的上市引来众多传媒媒体和搜狐、网易、新浪等网络媒体。一时间各大媒体内容被纬和汽车上市的消息霸占，这也让纬和经销商代理的猎豹企业品牌火了一把，产品的销量也因此得以提升。

通过挂牌上市，三景科技、纬和企业由非公众公司转成公众公司，知名度得以快速提高，让企业获得众多投资机构青睐，获得企业所需资金，实现企业更大的愿景。另外企业知名度提高，不仅仅能让上市企业享受到快速融资的快感，同时也能提升企业对产品的议价能力。通常消费者对上市公司的产品更信任，愿意拿出更多的资金来购买上市公司的产品。当企业在宣传贩卖产品时，将挂牌上市作为产品卖点，能够让消费者提升对产品的信心。挂牌企业也可以利用消费者的信任作为提升产品价格的本钱，产品价格的提高，也会让企业拥有更大的利润空间。

企业知名度的提高，也会"迫使"企业规范自身，比如不断提高自主创新和研发能力，提升团队的战斗力，提高产品生产效率等等，以此让企业对得起上市后的知名度。如果企业从一个三、四线城市走到全国股权交易中心时，知名度可能在全国市场反响不大，但是在企业根据地，它可能成为地区的一个标准、示范性的企业，作为一个发展典型来对待。当企业享受到这么大的名誉时，企业的经营者也会深思自己到底值不值这个名誉，想尽一切办法对得起企业的这个名誉。企业会拿出更多的资金用于创新，不断打磨产品，让产品更优质，让企业产品符合这个名誉。当产品真正对得起这些名誉时，企业产品也会更具有竞争力，抢夺到更大的市场，获取到更大利润。

另外，企业在上市后，知名度提高也能为企业招到更优秀的人才。上市的企业发布招聘公告时，和上市前相比，公告的号召力更强，能够"引诱"更多的应聘者前来应聘。当企业应聘人员远远高于实际需要，企业在选择人才时也会占据更有利的位置，为企业选择出更优秀的人才。相信有了优秀人才助力，企业各项策略也能够得到有效执行，有机会迈向更大的蓝海中。

上市后企业的知名度得以提高，品牌实力得以强化，产品也能获得更大的议价权，企业享受到更多上市的好处。同时企业知名度提高，投资机构也会主动投资企业，进而企业获得源源不断的投资，实现长远发展。但是，企业经营者都应该意识到，事物具有两面性，上市后企业知名度的提高，也会让媒体的镜头一直对着企业，而且现在整个社会是一种"人人都是媒体"的状况，一旦企业出现负面新闻很快传播到更远的范围，很难控制。当负面事件影响巨大时，投资者也会纷纷将股票抛出，企业品牌价值也会迅速下跌。

因此，企业经营者在企业上市后，应该不断规范自己的行为，让企业走好前行中的每一步，给投资者、公众树立一个积极向上的形象，这样企业才能借助上市后的知名度走得更远，掷地有声。

提振内部成员的信心和动力

在新三板挂牌的企业多属于成长型企业,相比主板和创业板市场,高新技术企业更多,这类企业对高素质人才的需求颇高。但是若想留住这些高素质人才,对于资金不足的中小企业来讲,一直是个难题,很多中小企业的失败和员工的离职有着莫大关系。

而今企业通过在新三板上市,运用各种股权激励的方法,能够提振内部员工的信心和动力,让他们看到企业发展的希望,继而选择长期留在企业,让企业获得人才的长期助力。具体到为何新三板市场股权激励能够提升员工信心,主要有以下三个原因。

(1)股权激励方式更多样

相比主板、创业板市场,新三板市场的股权激励受到的限制更少,激励方式更多样。除了股东的数量超过200人需证监会批准之外,在新三板挂牌的企业在设置股权激励时只需要履行信息披露义务就行,这个政策在主板和创业板市场是难以想象的。

另外挂牌企业可以根据实际需要设计一些符合企业发展、市场规律,更灵活的股权激励方案。比如授予员工股票期权和限制性股票。前者是指企业规定在一定的年限下,以事先约定好的股票价格将股票售卖给员工。

后者是企业象征性地收取一定费用或者直接将股票赠予员工，让员工享受到股票带来的收益。

这两种股权激励方式，颠覆传统的激励方式，更好地将员工"锁住"，同时也让企业和员工保持更紧密的关系。相信在企业获益和自己收益成正比的心态下，员工在工作时能保持较高的工作热情，真正将"工作"当成事业来做，企业的运营效率也会得以提升，竞争力也能得以提高。

（2）股权激励授予的频率快，有效期短

大多数在创业板上市的企业采用首次发行加预留模式的股权激励，而新三板股权激励授予频率是首次发行加预留模式和一次发行、分期行权各占一半。也有一些新三板上市企业采用的是首次发行一次行权的授予频率。新三板股权激励幅度较主板、创业板幅度更大，员工能够享受到更大的好处。还有新三板的股权激励有效期多为三到四年，平均比创业板的企业缩短一年，换句话说，员工能够多享受更长时间的股权激励。

新三板激励方式能够有效弥补企业的薪酬不高，让员工在物质上获得更多好处，真正愿意长期留在企业中。

（3）股权激励指标多样，重点突出个人业绩和技术指标

新三板股权激励能够提振内部成员信心和动力是因为它股权激励指标多样，除了传统的利润指标、收入指标和净资产指标外，还包括个人的业绩指标、技术指标。很多企业将员工的业绩指标和技术指标作为制定股权激励的重要依据，业绩、技术指标越突出，越能够获得更大的股权激励。

这种方式能够让员工感受到企业对自己的重视，更好地提振内部员工的信心和动力。同时重视这两个指标，也能提升企业的业绩和技术能力，让企业在众多竞争对手中脱颖而出，抢夺更大的市场高地。

企业挂牌新三板，通过股权激励，让员工对企业产生更大的好感，提振员工对工作、企业未来的信心。与此同时，企业挂牌上市，能够让员工感受企业旺盛的发展劲头，意识到企业正在处于一个上升期，真正潜下心来做好自己的本职工作，让企业各项任务得到有效执行。

但企业经营者更应该意识到，员工信赖企业，对企业有信心，绝对不能仅仅依靠企业挂牌后各种激励措施，而应该开展各种各样的活动，向员工灌输企业文化和精神，当员工真正从心底认可企业的理念时，自然对企业的未来有更大的信心，也会拿出120%的工作热情。反之，企业长期依靠这些激励措施，只会让员工的胃口越来越大，让企业承受巨大的运营成本，致使企业发展陷入泥潭中。

有利于企业进行资本运作

资本运作是将企业有形和无形的资产变成可以增值的活化资本，企业通过资本运作能够最大限度地实现增值，为企业融到更多的资金，这是企业发展壮大的一条捷径。过去，企业进行资本运作的主战场就是主板、创业板市场。而今，新三板市场日益壮大，企业登陆新三板市场，也能让企业在资本市场获得资本运作的权力，实现企业愿景。

股权转让：取得治理结构和产业链优势

股权过于集中一直是中小企业的弊端。在这个市场快速发展，产品不断迭代的时代，股权过于集中很容易让企业因经营者决策失误，走入发展死胡同中。在新三板挂牌的企业，通过全国中小股份转让系统可以将企业股份进行转让，这样就能够将公司股份分散化。股权分散一方面能够整合社会有价值的资源，让资源实现合理配置。另一方面解决股权过于集中的问题，优化公司结构，避免企业出现一人独大的局面。

同时，企业在新三板挂牌上市，能够获得融资，优化企业股权结构和产业链，让企业保持一个健康良性增长。

北陆药业作为第一家转板成功的新三板挂牌企业，在其挂牌期间就完成股权机构的优化，证券公司、投资机构置换其股权，让其股权逐渐清晰化。这些都为它在后来的转板奠定了基础,促成其在日后实现繁荣。

定向增资:扩充企业资本实力

定向增资是企业进行资本运作最重要的手段和方式,可以让企业在短时间内做大做强。企业定向增资深耕原有领域,能够不断增强原有领域竞争力,实现企业快速发展。

比如"九恒星"拿到2315万元增资后,不断对企业产品N9、N6进行改造升级,获得更多用户的好评;"现代农装"增资资金用于免耕施肥播种技术以及产业机械化的改造工作,让企业资本实力不断壮大。定向增资同时也能让企业实现规模化增长,"合纵科技"将增资后的资金用以环网开关项目的产业化,让其在市场上拥有更大的市场份额。

定向增资固然能够让企业在短时间内获得快速成长,抢夺更大的市场份额。但挂牌企业在设计定增项目时,更应该对政策条件、市场条件、企业自身实际情况进行分析,真正设计出符合企业发展的定增项目。如何判断企业的定增新项目是否符合标准?企业可以聘请一些专业的定增分析专家,借助专家的帮助,让企业设计出更好的定增方案。

并购重组:再造企业整合价值

挂牌企业通过并购其他企业能够壮大企业的实力,让企业有更大的话语权。并购其他行业的企业,能够延伸企业的产业链,获取更大的利益。并购竞争对手,能够抢占更大的市场份额。成功的并购能够实现"1+1>2"的效果,反之只会让企业白白浪费金钱。

新三板挂牌企业中,"九恒星"成功并购了深圳思科科技,成为思科科技最大的股东。九恒星企业这次并购,拓展了企业的市场份额,为企业经济增长撕开一个口子，使得企业快速成长起来，成为市场行业的领军者。

另外新三板的企业在进行并购时，都应该对所并购的企业进行深入分析和了解，分析它的财务状况、法人的同时也要预测它未来真实的盈利情况。只有将所并购的企业了解透彻，然后再进行并购，才能实现并购的最大价值。反之，不清不楚的并购只会让企业大受其害。

企业上市后，除了这三个办法进行资本运作外，还可以通过股权激励、转战IPO等方式。通过这些方式进行资本运作，让企业获得更多的融资，不断增强自身的实力，兼并更多优秀的企业。同时企业经营者在玩资本市场的时候，一定要记住深耕产品，想方设法提升产品的质量，只有将产品的质量打磨得足够精致，才能让企业在资本市场玩得更久。

第7章

投资者的"新项目"

新三板市场逐渐成熟，不断发展，也让它成为投资者新的掘金根据地，投资新三板就是投资未来经济。和主板、创业板市场相比，投资者能够获得更高的收益，但与此同时，也要承担更大的风险。因此，投资者在投资时应该想方设法抢夺收益，用各种方式规避风险，获取人生财富。

高风险高回报

2015年，新三板的市场可谓用"火爆"二字形容也不为过，大量的投资者、投资机构、PE、私募基金纷纷入场，整个市场容量不断扩大，市场融资金额也突破千亿大关。而且随着未来新三板市场门槛的不断降低，散户、机构必将如潮水般涌入市场，市场发展形势喜人。

为什么投资者和机构纷纷涌入新三板市场？最重要的原因就是新三板市场相比A股市场，有更多套利的机会和空间，一旦投资者和投资机构眼光独到，选择到优质的挂牌公司，获得的收益也是惊人的。

转板成功的"世纪瑞尔"，在2009年全国股份交易系统时股价仅为7元/股，登陆到创业板市场后，股票的发行价就超过32元/股，最高时达到接近52元/股。在新三板市场购买企业股票的投资者的收益是惊人的。

《新财富》新三板首席分析师，安信证券新三板研究负责人诸海滨在国金鼎兴量子投资年会表示，2015年新三板市场共发布3800多次定增案，而参与新三板定增的投资回报率高达140%之多。如此高的回报率是银行、P2P投资所不能给予的。

新三板挂牌企业春秋鸿在成立之初就大手笔投资《长江七号》《赤壁》等卖座电影，近日公司投资的电影《王朝的女人·杨贵妃》刚上市，借助电影的宣传效应，春秋鸿在新三板挂牌上市，股票当天暴涨2000%，投资者赚得是盆满钵满。

当然任何事物都具有两面性，新三板市场也是如此，高回报的背后也隐藏着巨大的风险，投资者稍有不慎就会血本无归。

尽管目前新三板已经有了做市商制度，但新三板仍然是一个流动性不高的市场，整个市场看似一片活跃，但是真正有交易量的企业不多。流动性的风险，无疑加大股票长期留在投资者手中的风险，降低投资效益。事实上，还有一些投资者仍然按照A股的投资经验和方法来操作新三板市场，此种做法的后果难以想象。因为A股市场相对来讲比较规范，依靠一些技术分析理论和参考消息，能够获得一定的收益。但新三板市场，完善的市场规则尚未建立，交易量明显不足，使用传统的分析方法很容易让投资走向误区，投资风险也会陡然上升。

造假也是新三板市场必须要解决的问题。现在连主板市场都有可能造假，更何况监管松弛、规范性不高的新三板市场。一些企业在进行财务披露时，为了某些利益，不顾投资者的利益，公布虚假的财务报告。中小投资者缺乏相关理论分析知识，很难发现企业的造假行为，一旦上钩，就为后来的投资埋下一个很大的安全隐患。

新三板的造假方法可谓是层出不穷，远远比创业板和主板容易。举一个简单的例子。

老周在上海开了一家传媒公司，借助新三板扩容的东风，在新三板挂牌。为了快速获得融资，老周必须要让公司变得更"体面"，于是他拉来自己的朋友老张、老李成为自己的客户，朋友为了配合老周，也及时给老周汇款。通过这一简单的办法，公司看起来业务量足，经营良好，因此企业很快融到了资金。但是融过资后的公司在业务上仍然不温不火，并未给投资者带来收益。

高风险、高回报的新三板为那些敢于冒险的投资者提供一个展示自我能力的绝佳场所，投资者要想在这个场所获得更多利益，就要在投资前做好大量的调研工作，从而避免踏入投资误区。

第 7 章　投资者的"新项目"

投资新三板就是投资未来经济

2015年新三板走势图令投资者心惊肉跳，从2015年1月基准日1000点，经过4个月持续攀升，新三板指数一度达到2673点，并且挂牌企业的股票的价格和交易量也是一片大涨。可好景不长，2015年4月后，新三板指数、成交量一路狂跌，指数跌到1800点，成交量也只有2.3亿元，市场的疲软之势显露无遗。

一小部分投资者对新三板市场抱有悲观态度，认为新三板投资价值丧失，在未来可能像老三板一样不温不火。然而大部分投资者认为新三板指数、成交量的下跌，是新三板市场逐渐回归理性的标志，整个市场正在朝向一个更健康的方向发展，并且认为投资新三板就是投资中国经济的未来。

为什么众多投资者对新三板市场的未来充满希望，认为新三板能够得以不断发展？他们从新三板的制度优势、挂牌企业的资本面和估值以及新三板未来政策创新给出了原因。

新三板自从诞生之日起，国家对它的呵护可谓是无微不至，投入大量的心血和精力扶持它，先后两次实行扩容，出台新三板做市商制度，发布新三板指数等政策。这些利好的政策吸引大量企业和投资者入市。国家政策是推动新三板市场快速发展的重要原因，但新三板领先的制度设计是发展的绝对动力。比如新三板制度贯彻"注册制"，挂牌企业不设财务标准，不对定向发行的股票进行时间、价格的限制，真正让一些优质中小型企业获得挂牌上市机会，取得所需融资。

再从挂牌企业的资本面和估值来看，在新三板上市的企业通常有三个特点：中小微企业占比95%；民营企业占比90%以上；高新技术产业占比也达80%以上。这些挂牌企业符合国家未来经济转型的方向，投资者投资新三板市场的这些企业完全是顺势而为，投资者站在中国经济的风口，自然在未来获利颇多。从这些上市公司的财报来看，挂牌的企业盈收增长率高达10%以上，纯利润增长24%以上，挂牌企业的高速成长态势，也能证明这些上市公司在未来有更大的发展潜力和机会。

新三板市场企业上市的数量不断增多，投资者的投资热情不断高涨，也让国家看到新三板市场的潜力，进而不断对新三板制度进行创新。相信这些创新制度的出台，也能够让新三板市场更活跃，交易额得以提升，成为中国最重要的资本市场。

在2015年两会期间，证监会主席肖钢在接受采访时表示，2015年证监会将会调研更多多层次转板机制试点，从目前的市场发展情况来看，首先考虑对新三板跟创业板之间的转板机制进行试点，让一些优质的新三板企业到创业板上市。肖钢的话也表明国家对于新三板转板机制的重视，的确有一些关于转板的规则制度相继出台。相信在转板机制的支持下，选择在新三板上市的企业将会更多，市场也会更活跃。

2014年证监会发布《关于证券经营机构参与全国股转系统相关业务有关问题的通知》。在这号文件中提出，支持基金管理子公司、期货公司子公司、证券投资机构做好备案后，在全国股转系统中开展相关做市业务。

当这些金融理财机构进入到新三板市场中，新三板市场的门槛也会有所降低，普通投资者也能享受到投资新三板的好处。

类似的制度创新还有分层制度、公募基金投资新三板市场、市场扩容等等，相信随着这些制度完美落地，新三板的投资机会也会增多，发展势不可挡，投资新三板就是投资中国未来经济。

Part 3

新三板投资实务

新三板从诞生那刻起,就注定成为投资者的新宠。毫无疑问的是,任何投资都有风险。作为资本市场的新人,新三板投资门槛如何?收益和风险如何?操作流程是怎样的?这些都需要投资者做到心中有数。

第 8 章

新三板的投资主体及其门槛

新三板市场的火爆并不代表其市场机制、防控措施已经成熟。相反,新三板市场和主板、创业板相比陷阱更多,投资者稍有不慎就会满盘皆输。因此证监会针对不同的投资主体设置相应的投资门槛,用门槛来控制投资风险,更好地维护投资者资金安全。

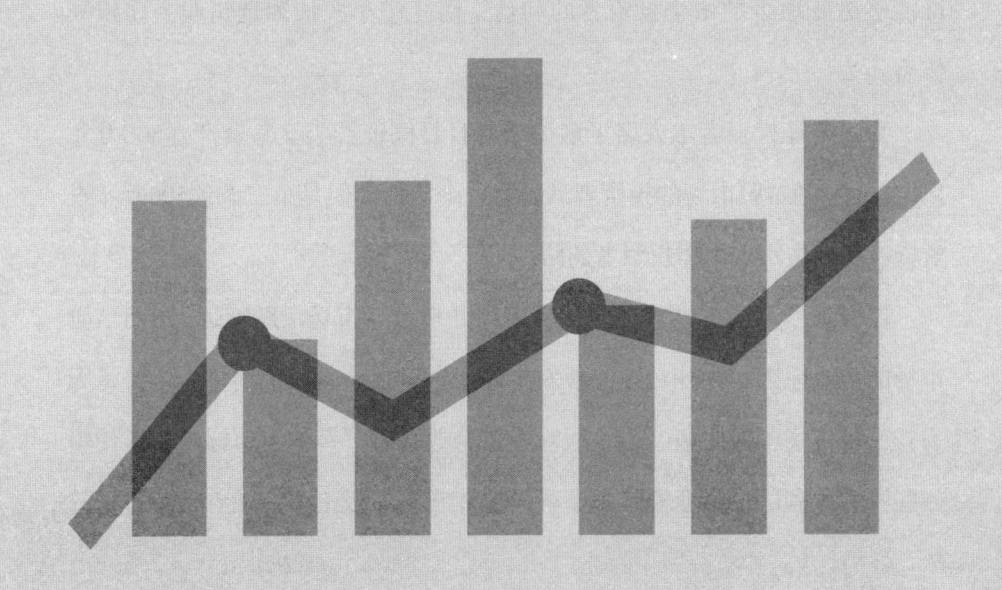

个人投资者

短短三个交易日，股价从850元/股到1元/股，这种情况在A股市场根本不可能出现。但是在新三板上市的九鼎投资做到了。股价如此巨幅波动，引起大量个体投资者围观。但新三板对个体投资者较高的门槛，也让围观者懊恼不已。

新三板针对个体投资者开户有着严苛的标准：

第一条是要求投资者具有两年以上的证券交易投资经验，或者具有专业的会计、金融、财经等金融背景，或者有过相关的培训经验。这一条标准能够更好地维护中小投资者的利益，防止中小股民因选错股票而损失惨重。

第二条是投资者本人名下前一交易日日终证券类交易资产达500万元以上。很多在A股市场的投资者满足第一个条件，但是第二条这500万元投资资产却挡住不少个体投资者的路。

这两条严苛的标准也是新三板市场开户量、市场活跃度远远小于A股市场的重要原因。为什么新三板对个体投资者设有较高的门槛，主要是因为新三板市场不像主板、创业板对上市企业有着严苛的上市标准，这使得一些没有盈利的，商业模式不清晰的企业在新三板上市，随着挂牌公司的逐渐增多，中小企业遇到的投资陷阱也会更多。看似这种标准不近人情，实则是保护中小投资者的资金安全。

新三板对个体投资者设置较高的门槛，并不意味着个体投资者没有任何机会在新三板市场获得财富，相反个体投资者可以通过证券机构、私募基金间接进入新三板市场，在新三板市场获取财富。

2015年11月20日，证监会制定《关于进一步推进全国中小企业股份转让系统发展的若干意见》（俗称《意见》）。在《意见》中指出支持封闭式基金，商业银行以及证券公司针对新三板市场开发相应的产品。投资机构推出的这些产品无疑降低投资者参与新三板市场的门槛，满足中小投资者掘金新三板的需求。

另外投资者购买商业银行、证券公司产品的投资门槛从500万元下降到100万元甚至更少，这对于资金尚不宽裕的投资者来讲是一个福音。更重要的是，证券公司、商业银行等投资机构对产品的分析和风险额的把控能力也是远远高于个人投资者，因为个体投资者很难有时间和耐心去调查投资企业的经营状况和商业模式，而投资机构依靠自身的影响力就能够对项目进行详细的分析，从而减弱项目风险。

投资者通过间接投资，既实现在新三板市场掘金的梦想，又能减弱投资风险，实现财富的增值。但风险降低并不意味着没有风险，中小投资者仍然要承受巨大的投资风险。

目前间接投资金额对于A股市场的中小股民来讲也是很高的门槛，如果市场要想让更多的投资者进来，还需要不断降低投资门槛。目前证监会也在出台相应的政策来降低投资门槛，比如做市商制度，允许私募基金、公募基金入场等。相信随着新三板市场制度不断完善，风险得到合理的控制，届时新三板的市场门槛自然会有所下降。当大量的中小投资者涌入新三板市场后，整个市场交易活跃度也会空前提升，市场容量也会更大，影响力也会更强，市场也能吸引更多知名企业进入。

但是目前市场机制尚未成熟，投资门槛相对较高。这时，个体投资者切勿急躁，可以先作等待，让市场机制逐渐完善。同时自己也要充分学习新三板知识，提升自己对新三板的理解力。这样，当门槛降到合适位置时，果断进入，也能快速在市场抢夺属于自己的财富。

机构投资者

投资机构作为新三板市场的主力军,可以说决定着新三板市场的衰盛。没有众多投资机构的加入,新三板市场不可能迅速崛起,成为中国重要的资本市场。新三板在发展初期就将自己定位为"机构市",为各大投资机构提供施展才华的舞台。这种定位的原因有两个方面:一方面新三板上市的企业多为创新、成长型的企业,这类企业需要一种长期、雄厚的财团持续的支持。这也决定新三板市场不同于主板市场过高的换手率;另外一方面,投资机构不同于中小投资者,投资机构实力雄厚,能够承担长期的投资风险,它更青睐于长期投资模式,喜欢"放长线,钓大鱼"。双方各取所需,企业获得发展资金,机构也能因企业的发展,获得丰厚的回报。

虽然目前加入到新三板市场的投资机构破万,但是对快速发展的新三板市场而言,投资机构的数量远远不够,应该有更多的投资机构加入进来。2015年11月20日,证监会发布实施《关于进一步推进全国中小企业股份转让系统发展的若干意见》(俗称《意见》)。证监会在《意见》中指出,新三板市场要不断扩大机构投资者的队伍,让更多的投资机构参与新三板市场中,将新三板市场真正做大。

证监会意见的出台,能够激发更多投资机构入场,当投资机构大量入场，参与到各类资本的运作时，投资机构在新三板的市场中拥有更大的话语权，能够分得更多蛋糕，同时真正让新三板发展之初的定位落到实处，实现新三板的最初愿景。

虽然新三板市场需要投资机构大量入场，但并不意味任何投资机构都能进场。新三板市场对投资机构也有着严苛的要求，要求投资机构的注册资本不低于500万元，同时还要求投资机构是实缴投资金额500万元人民币以上的合伙企业。这两个要求，能够保证投资机构有能力从事新三板投资工作，能够解决企业融资的难题。当投资机构满足这两个条件，也有权力获得开户资格，拿到新三板市场掘金的机会。

新三板市场上现在也有不少优秀的投资机构，比如目前引领新三板市场投资潮流的三大投资机构：九鼎投资、摩根创投和天星资本。

作为一家专注于股权投资及管理的投资机构，九鼎投资在新三板市场以专业、风险能力强而闻名，自购买数十家挂牌企业的股票，短短数日后，股票价格出现飙涨，九鼎投资从中收获颇丰。摩根创投作为一家外资控制的投资公司，并没有出现所谓的"水土不服"，在中国新三板市场混得是风生水起，投资的众多企业拿到融资后飞速发展，摩根创投也因为投资企业的发展而快速成长，成为新三板市场数一数二的投资机构。专注于新三板投资的天星资本，在新三板市场刚发展时，就积极对挂牌企业进行投资，短短几年，机构投资众多优秀企业。2015年天星资本投资的企业就有73家，投资的金额也超过73091万元，真正成为新三板市场影响力最大的创投机构。

相信随着新三板利好政策的相继出台，投资机构进入新三板市场的热情和数量也会增加。当越来越多的机构进入新三板市场时，挂牌企业也能因此得到更多的融资的机会，国民经济也能得以发展，新三板的作用得以发挥起来。但是机构投资者更应该意识到，中小企业抗压能力不强、商业模式的不完善以及估值过高会让投资有很大的风险。

因此机构投资者在新三板进行投资时，一定要充分利用机构的资源和人脉优势，对所投资的企业进行详细的调查。盈利状况、经营模式以及产品在市场的满意程度，将这些最基础的调查做好、做踏实，才能够控制项目的风险和收益情况，真正能够让自己在获得丰厚回报时承担更小的风险。

其他投资者

新三板市场除了有个人投资者和机构投资者之外还有一些符合进入新三板市场规则的其他投资者。比如私募基金、PE机构、各大商业银行、公募基金等等。

私募基金围绕新三板进行投资的热度越来越高，过去只投一些做市企业的私募基金，而今也开始投一些竞价交易、协议转让的挂牌企业。投资主体的扩大，也显示出私募基金对新三板市场的看中。

而今有上百家私募基金在新三板市场"跑马圈地"抢夺属于自己的地盘。比如作为国内投资新三板市场最早的私募机构之一，元普投资在2015年决定将新三板作为其发展的大本营。先后在3月份发布"元普新三板领军系列产品"，令人欣喜的是，产品在9月份的月度收益超过20%。另外元普6号产品的表现让投资者惊艳，收益率高达26%。元普投资的意欧斯、白兔湖等公司也取得了丰厚的回报。

呈瑞投资作为国内最早推出新三板投资产品的私募机构，在2015年1月26日，投资永隆股份，推出"永隆呈瑞新三板1期"产品，产品的月收益超过6%。另外，呈瑞在其他方面的投资中，也斩获不少真金白银，实现了财富的二次积累。

私募基金进入新三板市场，也引发各PE机构的躁动之心，PE机构也大举旗鼓杀进新三板市场中，抢夺市场高地。

2013年登陆新三板市场的同济医药，在其发布的公告中，公司的股东榜除了企业自身的高管之外，还有三家PE投资机构。PE机构的入股情况如下：2013年4月份，公司控股股东李亦武将其旗下19%的股份，以902万元的价格转让给PE机构武汉同济投资管理公司。随后深圳粤信和武汉科技投资公司也购买公司的相应股份，至此三家PE机构成了公司的重要股东。

除了同济医药外，还有很多在新三板挂牌的企业也有PE的身影。比如成立于上海，主攻亚洲、欧美影片发行，在新三板上市的集美影业，PE机构身影很大。在2013年11月末，在集美影业的定向增发中，公司向7家股东进行定向增发时，PE机构就占了5家，分别是重庆越秀卓越股权投资基金、上海中电投资管理、上海丰实影美投资管理、深圳市华尔信投资、广州越秀新兴产业创业投资等企业。PE机构的助力，为集美影业提供更多的资金支持，能够有更大的实力去引进、制作欧美大片，让企业收获消费者与业界良好的口碑。

类似PE机构入股新三板企业的例子还有很多，为什么PE机构选择在新三板市场掘金？其中很重要的原因就是新三板市场为PE机构提供了投资的圣地，PE机构不再像过去那样满世界找好的项目，而今只需要研究新三板优质项目情况，就能决定投资，获得更丰厚的回报。更重要的是，PE机构选择新三板市场，也为PE打开一个新的投资市场，为机构找到新的发展蓝海。

新三板市场的不断增大，不断成熟，也让商业银行按捺不住躁动的心，通过和当地的股权转让中心合作，找到属于自己财富的一块。

2014年，中国农业银行携手北京股权交易中心，承诺将为挂牌的企业提供总金额近50亿元的信用贷款额度，并依照企业风险的状况，提供私募债承销，股权质押贷款，知识产权贷款等业务。银行向挂牌企业提供帮助的背后是巨大的利益，通过提供这些贷款，银行能够收取更多的利息，实现企业利润的增长。

除了以上私募基金、PE机构、银行外，随着政策的不断放宽，公募基金进入新三板市场指日可待。与此同时，险资进入新三板的呼声也是日趋强烈，相信市场成熟，万亿保险资金也会冲到新三板市场中。当大量公募基金、保险资金进入新三板市场时，我国的资本机构也会发生相应的改善，整个资本市场的发展活力更高，到时资本市场的价值也会尽展无遗。但值得注意的是，所有的投资者在进行新三板投资时，都应该要将风险防控牢牢记在心中，用各种办法来降低风险，实现财富的快速增值。

第9章

新三板的投资收益和风险分析

投资者对新三板进行投资最大的目的是获得收益的最大化,那么应该如何获得?这就需要投资者对新三板的投资收益和风险进行分析,通过分析,拨开各种现金,为自己找到一个收益高、风险小的投资点,从而实现投资的愿景。

新三板的投资收益水平分析

中信证券在2015年5月指出，相比主板和中小板市场，新三板和创业板市场的回报率更高。但随着经济压力不断下行，创业板市场的回报率也在不断下降，然而新三板市场回报率却不断攀升，新三板企业的EBIT总资产（基本报酬率）从2013年的7.12%飙升到7.4%，投资者投资获益颇丰。

2015年5月7日，新三板总共有2367家企业公布2014年财务报告，公布年报的企业实现营业收入3183亿元，整体营业收入增速10%左右。新三板投资收益不断攀升，显示出新三板市场保持一种强劲的发展态势，在未来定将爆发出更大的活力。

投资者在新三板的投资收益主要分为三块：

（1）成为新三板企业的股东，每年享有定期的分红

虽然新三板对挂牌企业的盈利并没有严格要求，但这并不意味着新三板市场没有优秀并且盈利的企业。不少优秀的新三板企业通过借助资金力量，获得高速发展，企业的利润实现增长。企业的利润增长对投资者来讲显然是个利好消息，投资者能从中获得相应的分红收入。

在新三板挂牌的双杰电器，是一家从事中压输配电及控制设备生产

的公司。企业在2013年业绩高速增长，实现营收收入4.48亿元，同比增长21.44%，获得净利润6727万元，每股收益折合0.78元，净资产收益率达21.55%。为了感谢投资者，公司提出每10股派发红利2元，每10股增发2股分红方案。企业的这种分红方案让众多投资者大赚一笔。

分红是投资者在新三板盈利重要的一块，实现资本的二次增值。但是投资者要想获得分红，就需要对企业"一心一意"，长期持有新三板企业的股票，这样才能在企业盈利时获得分红收入。反之短期持有，随意抛掉，很容易错失分红机会。

（2）股票溢价收入

新三板投资者收益最大的一块就是股票溢价，也就是我们理解的低价高卖。另外没有涨跌幅限制的新三板市场，和主板、创业板市场相比，它的溢价能力更强，可以在很短的时间内，股价骤然上升。比如春秋鸿影视在一天之内涨2000%之多。这在主板和创业板市场是很难看到的。股票溢价收入能够给投资者带来丰厚的回报，实现快速财富增值。

海昌华公司在2015年3月10日挂牌，虽然挂牌只有5天，但股票频频爆冷，从最低的0.01元涨至14.5元，涨幅高达1450倍。如果投资者在海昌华股票0.01元时买进，投资的溢价收入是惊人的。

股票溢价作为新三板投资者最重要的捞金策略，能够让投资者从"地狱"升至"天堂"，真正享受到资本快速增值的快感。

（3）转板

企业从新三板转到创业板市场，也能让投资者获益颇丰。这需要投资者在企业未转板之前，购买企业一定的股票，然后长期持有。等到企业经营成熟，转到创业板时，乘机将股票抛售出去。转板获益重要的原因是，当企业转板成功时，市场对企业股票的需求量也会很大，相应的股票的价格也会变高，投资者将股票抛售出去，自然能够获得不小的收益。

合纵科技在未登陆创业板市场时，一直深耕新三板市场，当时的股票也不过几块钱左右。当企业逐渐发展成熟，满足创业板上市条件，登陆到创业板市场后，股票一路狂涨，收盘价一度超过32元。那些在企业未转板时购买企业股票的投资者，自然是赚得盆满钵满。

投资者通过企业的转板能够获得丰厚的回报，实现财富积累。但是转板机制目前尚未成熟，很多企业仍然不具备转板的资格。所以，投资者想通过转板来实现财富的增值也会需要一定时机，也会有一定的难度。

投资者在新三板市场通过分红、股票溢价、转板这三种方式获取收益，这几种收益方式和主板、创业板市场有相似之处，也有不同之处。相似之处在于投资者都可以通过分红、股票溢价方式获取收益。不同之处在于，新三板的市场有转板分红机制和更大收益的空间和机会，投资者能够实现"一夜暴富"的梦想，短时间里实现财务自由。

新三板的投资风险类型分析

新三板不仅能让投资者实现财富的快速升值，也能在短时间内让投资者血本无归。新三板市场和A股市场相比，风险系数高，风险类型多。它主要的投资风险有以下几种。

项目型风险

项目型风险出现的原因是，新三板市场对企业挂牌的标准不高，这使得很多盈利能力不强、团队合作力不高的企业进入新三板市场。企业抗风险的能力和在A股市场上市的企业相比明显较弱，一旦企业遭受到巨头联合绞杀或者企业推出的产品未能符合市场的需求时，企业的生存就会备受考验，投资人的钱很可能打了水漂。

另外目前在新三板上市的企业的数量越来越多，已经突破5000家，这不仅提升了投资者选择优秀企业的难度，还增加不良企业制造虚假项目的概率。当虚假项目向投资者抛出巨大的诱饵，投资者上钩后，财产的损失也是必然的。

成立于2013年，由美林国际投资集团控股的环保高新产业优索环保，是虚假项目坑害投资者最好的例子。公司在2014年，在上海股权交易中心挂牌。当年8月，企业在郑州召开融资大会，并承诺给投资者年化率48%的收益。高收益自然获得众多投资者的青睐，甚至一些人第二天跑到总部去购买相应的产品，在会议当天现场签约金额就达1800万元。但是到了约定时间兑付时，企业相关负责人却不见踪影，投资者不仅未能领到48%的收益，自己的本钱都打了水漂。

虚假项目是新三板市场的毒瘤，破坏市场的名声，坑害投资者的利益。对于虚假项目不仅要依靠证监会严苛的监管和处罚力度，投资者更应该提升自己辨别项目的能力，对诱饵保持一定的戒备心，防止掉入投资陷阱中。

流通风险

流动性差是新三板目前最大的病症，流动性差导致股权变现能力差，资本市场也一直不温不火，一直未能打开。新三板市场相比主板和创业板市场，运营能力和商业模式不够完善，真正实现交易的公司只有30%左右。虽然在2015年上半年，交易度有所活跃，但自2015年中旬，新三板市场交易额持续低迷，在7月24日，交易额仅为3.37亿元，当天成交的股票只有476家。

新三板市场的流通风险，很容易出现投资者购买股票后，有价无市，最后股票只能牢牢躺在自己的手中，当资产被"死亡"股票占领后，资金的效用自然不能发挥出来。

股票交易风险

目前主板、创业板挂牌交易的公司属于上市公司，它们严格遵守股票交易系统。比如股票采用的是一周连续5个交易日的交易系统，而且股票设有一定的涨跌幅限制，涨跌不能超过10%。上市企业遵守股票交易系统，能够更好地维护投资者的权益，避免投资者的资金迅速缩水。

而新三板挂牌的公司，由于它不属于上市公司类别，所以其交易方式也不用采取连续交易方式，不设涨跌幅的限制。这会造成如果企业在交易日时有不利消息突然放出，投资者不能及时脱手，财产的损失也是惊人的。比如九鼎投资短短几天内，股价从79元/股下跌到23元/股。

信息不对称风险

新三板上市的公司不像上市公司，在信息披露上如上市公司有着严格的规定，它在信息披露上只规定企业披露年度和半年度报告，对于一些季度、临时报告并没有严格的要求。企业信息不对称让投资者不容易及时掌握企业详细信息，不利于投资者投资决策。另外这种情况也会出现，一旦有利好消息时，知情人提前买进，有利空消息时，知情人提前放出。对于中小投资者也是有伤害的。

新三板市场的这些风险也表明普通投资者不适合参与进来，因为个人的能力和经验是有限的，不可能做好这些风险控制工作，一旦某一个风险失控，资产的安全性就很难得到保证。因此对于普通投资者能远离就远离，而对于一些投资机构就是做好风险的管控工作，减弱风险，获取更大的收益。

第 10 章

新三板投资操作流程

投资者了解新三板相关知识，决定在新三板市场掘金时，首先掌握投资操作的五个步骤：开立账户；签订协议；委托成交；清算接收和信息发布。清楚这五步骤的要点，保证操作新三板有的放矢。

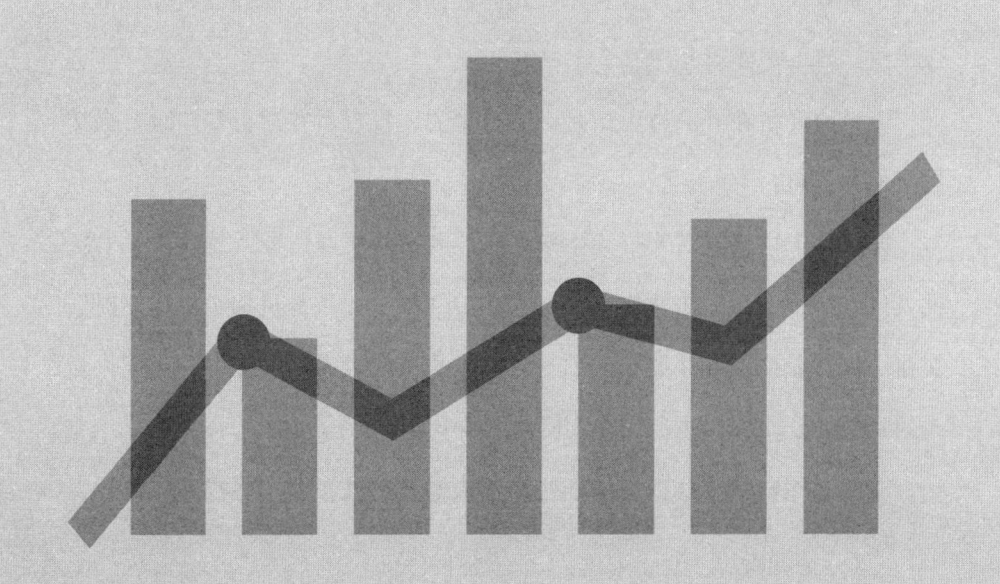

开立账户

账户是参与新三板市场的入场券，是投资者玩转新三板市场的第一步。没有新三板账户去新三板市场淘金显然是无稽之谈。很多投资者由于未做好开立账户的工作，而错失最佳投资机会或者增加投资成本。其实投资者在开立账户时做好这两步就能够敲响新三板投资的钟声。

第一步，开立非上市股份有限公司转让账户

投资者参与股份报价转让前，首先要开立非上市股份有限公司转让账户。账户办理地点是主办券商的任意营业网点，办理也是十分方便。此账户与投资者代办股份转让股份账户相同，如果投资者已经办理代办股份转让账户，就不需要再办理这个账户。

资料的准备在开户过程中是必不可少的，投资者在进行开户时要提交以下相关资料。

如果是个人投资者要提交中华人民共和国居民身份证及复印件，委托他人代办的个人，还需要提供代办人相关证件。如果是机构，机构要提供企业法人营业执照和注册登记的复印件，法人代表人的证券书，法定代表人的身份证复印件、法定代表人授权书、经办人身份证件。

通过这些资料能够很好地证明投资人的合法性，在一些投资纠纷发生时，也能够更好地维护投资者的利益。个人和机构在进行开户前，提前准备好这些资料，也能让自己在办理账户时更快捷，让自己快速参与到新三板的资本市场，快速享受到新三板市场带来的财富剧增。另外投资者在开户时，也需要支付一定开户费用，个人每户要30元，机构要100元。

第二步，开立股份报价转让结算系统

投资者拿到股份有限公司转让账户后，需要到建设银行网点开立股份报价转让结算账户，用于日常的交易结算。为了更快捷办理好结算账户，投资者可以事先在网络上查询建设银行网点的号码，提前预约，来缩短开户所需要花费的时间。

个人投资者在申请开立结算账户时，也需要提供个人身份证和非上市股份有限公司股份转让账户；机构需要提供《人民币银行结算账户管理办法》中关于开立账户结算的资料和非上市股份有限公司股份转让账户。

通常来讲，个人投资者在结算账户开设当日就可以使用，而机构投资者开设的结算系统需要3天后才能使用。另外值得注意的是，投资存入到账户的资金必须等到次日才能使用。

投资者通过这两步，就能开设好新三板投资账户，进而打开新三板投资的第一扇大门。当然拿到打开资本大门的钥匙，并不意味着投资者能够玩好资本市场。投资者要想真正在新三板市场分得一杯羹，必须要苦练内功，学习新三板相关的投资知识和技巧，练就一双火眼金睛，能够迅速发现有价值的标的，及时抢之，成为新三板市场的"股侠"。

签订协议

投资者开立好账户后，接下来要做的工作就是要和报价券商签订股权报价转让委托协议书。协议书的目的就是让投资者的行为具备法律效力，这样既能更好地规范投资者的行为，同时也能更好地维护投资者的权益。与此同时通过协议从而更好地将双方的权利明确化，以免出现问题双方相互推卸。

当然报价券商在接受投资者委托交易时，自然不能照单全收。相反报价券商需要对投资进行详细的了解。了解投资者的投资需求和资质，分析其具不具备新三板市场投资的能力，同时报价券商应该要求投资者给予相关材料的证明。对于一些不符合股权报价转让的投资者主办券商应该及时劝其离开，防止其资本遭受到不必要的损失。对于一些符合条件的投资者，券商也应该告诉其参与市场的各种风险，让他作好承担交易风险的心理准备和相关避险的准备。只有当投资者作好心理和相关避险措施的准备时，报价券商才应该和其签订相应的协议。

投资者和报价券商签订股份报价转让委托协议，能够更明确新三板市场的风险。这样在进行新三板投资的时候，也能时刻保持警惕之心，能够更好地规避掉风险的部分，获得更大的收益。

目前负责新三板的报价券商的证券公司有很多，比如中信证券、中银国际证券、国信证券、招商证券、长江证券、广发证券等。投资者在选择这些证券公司时，首先应该对自己的投资状况进行分析，清楚自己投资的方向，然后再对这些证券公司进行细致分析，得出它们的定位，这样才能保证自己选择更优秀的证券公司，更好地维护自己的权益。

委托成交

投资者和报价券商签订协议之后，向股份账户进行充值，就可以在新三板进行掘金之路，购买一些优质公司的优质股票了。投资者在购买股票之前，除了对所购买的股票的公司进行详细调查，对股票的风险进行控制之外，还要做好股票的委托成交的工作，确保自己在购买股票后，在股票升值的时候，能够将股票快速售卖出去，实现财富的增值。

新三板委托成交的种类主要有两种：报价委托和成交确认委托。

报价委托和成交确认委托两者都是当日有效，都可以撤销。换句话说，如果投资者在当天对自己报出的价格不满，可以进行相应的更改，让股票的交易价达到最大值。但是成交确认委托若经系统确认以后，投资者就不能进行更改。委托成交的机制能够让投资者树立诚信和遵从市场交易制度的意识。投资者按理出牌，真正做到一诺千金，这样就能够避免不良投资者报出股权虚假价格，扰乱投资市场，误导他人投资的现象。交易市场也会变得更和谐规范、更科学，能够更好地维护投资者的利益。

报价委托是买卖双方的意向委托，通过价格来让双方寻找买卖的对手方，短时间里让买卖双方达成转让协议。投资者在进行报价委托时，一定要对委托的内容进行仔细核实。标明股票的名称和代码、账户、买卖类别和价格、数量和联系方式。当投资者将这些内容标注清楚后，更有利于报价券商找到合适的卖家，或者让买家能够在更短的时间里找到投资者，实现交易的快速完成。同时投资者也可以通过各种报价系统来寻找卖家，盘活资金的流动性。

成交确认委托是指买卖双方达成协议转让，或投资者拟与定价委托成交，委托主办券商以指定的价格和数量与制定对手确认成交的指令。

投资者进行成交确认委托时，要注明成交的约定号、股票代码、买卖方向、委托的数量和价格以及拟成交对方席位的号码等等。另外拟与对方确认委托方式交易，应该注明对方的交易单元代码和证券号码，这样才能让双方在短时间内达成协议，实现快速交易。但是值得注意的是，在报送卖家委托和买家委托时，报价系统也会冻结相应卖家的股份，这也要求投资者达成协议之后，应该撤销原报价委托，然后再报送卖家成交确认委托。

投资者在委托成交上，报价券商对委托的股份数量也有着严格的要求。比如委托的股份数量要以股为单位，同时每笔委托数量不少于30000股。如果投资者的账户不足30000股时，可以将账户内所持有的股票一次性卖光。另外投资者在进行委托交易时，尽可能保证账户里有足够的股份数量，这样确保报价券商接受你的委托成交。否则，委托的股票数量过少，报价券商也不会接受。当报价券商不接受你的转让政策时，股份售卖也会丧失最佳的转让时期，投资者可能因此受到更大的财产损失。

与此同时，投资者在委托成交时，要选择在报价券商工作的时间，周一到周五，选择报价系统接受交易的时间，上午9：30至11：30，下午1：30到3：00。投资者记住委托交易时间，在报价券商、报价系统工作的时间完成委托交易，也能让股票转让有更好的机会，获得更丰厚的回报。

　　投资者在进行委托成交时，根据自己选择股票的实际情况和自我风险的承受能力，选择适合自己的成交委托方案。同时在委托时，注意到账户股票的数量和委托的交易时间，避免犯一些委托交易的错误，让自己从委托交易中掘到更多的好处，挖到人生的第N桶金。

清算交收

当投资者找到股票购买方,两者达成买卖协议时,接下来就要进入清算交收过程。通过清算交收让其投资转让或者购买到公司的股份,另一方转让或购买相应的股份。当两者的交易迅速完成,才能够实现共赢。

投资者在进行清算交收时,务必认真填写成交确认委托,很多交易就是因为投资者填写不准确或者漏填而失败,最后让双方损失颇多。因为报价系统只对成交约定号、股份代码、买卖价格、股份数量四个完全一致,与买方所在席位相对应的成交,系统才会予以确认,实行交易。反之,投资者任何一项填写错误,都不能被报价系统识别,最终被报价系统拒之门外。

另外,投资者和卖方都不得不面对的就是交易价格的问题。投资者总想为自己找到更大的利润空间,而购买者也总想以最低的价格买入。如何敲定价格,就需要买卖双方共同议价。投资者可以直接联系对手方,然后在线上或者线下进行洽谈,商量合作的相关事项。也可以委托券商联系对方。相比委托券商,当面直接谈会更好。因为它能够让双方开诚布公,将股票的股价和数量摆到台面上,两者能够更快达成共识,避免未来出现各种各样的问题。

投资者和购买者被报价系统识别成功，同时两者在股票的价格和数量达成共识，这时两者就具备可以交易的资格。具备了交易资格，并不代表投资能够快速完成清算交收过程，相反投资者还要进行更重要的结算工作。

新三板的清算和期货市场交易方式一样，是按照分级结算制度进行。分级结算是指证券登记结构公司与证券公司等结算参与人进行资金和证券的法人结算（俗称一次结算），然后证券公司与投资者进行二次结算。

分级结算下的法律关系体现为"两段式法律结构"，即在新三板市场证券交易环节，证券交易机构和证券公司有一层法律关系，证券公司和投资者又是一层法律关系。这让证券结算结构和投资者之间不存在法律关系。

新三板市场实行分层结算重要的原因，就在于新三板市场的交易数量大、交易额大。如果不实行分级结算制度，证券机构每天要面临着大量的交易者，若要这个工作妥善地处理掉，显然证券机构要面临着巨大的压力，即使证券机构来处理这些工作，也会因为众口难调，而遭到交易者的反感。

而今通过分层结算制度，将这个繁重的任务交给众多的证券公司来完成，能够大大减轻证券交易机构的压力，让证券交易机构有更多的时间和能力来做新三板市场更重要的工作。更重要的是证券公司接受这个业务，也会让自身的业务结构更合理，更丰富，获得更大的利益。

新三板市场的清算交收采取的是逐笔收费的办理方式，即投资者和购买者完成一笔交易，需要缴纳一定的手续费，这种交易方式，能够实现交易的公平，获得双方的满意。另外股份和资金采取T+1到位，即双方当天完成交易行为，第二天资金才到位。在双方进行交易时，证券结算机构不担保，让双方自行作判断，给双方足够的权力，真正体现新三板市场的效用。如果双方交易失败，证券结算机构、证券公司不收取手续费，由交易的双方共同承担风险。

投资者在进行清算交收时，认真填写相应的确认委托协议证明，让交易系统认可双方交易行为，让交易得以成功。同时在交易时，通过线下、券商协助的方式找到合作者，进行详细的合作事项的会谈，这样能够让双方的合作更成功，避免在日后出现一些不必要的问题。然后双方通过分层结算机制完成结算，资金到位后，整个清算交收才能真正彻底完成，双方才能获取所需内容，进而实现双赢。投资者在整个结算交收的过程中，一定要将"细心"二字记在心间，做好清算交收的每一步，让自己从新三板投资者获得更大的好处，真正实现财富自由。

信息发布

投资者完成股份转让后,股转系统、主办券商、行情软件也会公布相应的报价和成交信息供投资者查阅。

报价信息包括以下内容:**委托类别**,新三板信息发布的主体要发布投资者的股权委托的类别是报价委托还是成交确认委托;**证券名称**,即投资者投资的证券的名称;**证券代码**,即投资者投资证券的代码;**主办券商**,是指取得从事代办股份转让主办券商业务资格的证券公司;**买卖方向**,即投资者将证券卖到哪个方向,谁购买了这只证券。**股份数量**,即投资者要售卖多少多大股权数量的股票;**联系方式**,即在信息发布时,将投资者的联系方式进行公布,更方便购买者联系投资者,同时投资者进行回查。

成交信息包括证券名称、成交价格、成交数量、卖方代办券商和买方代办券商等内容。公布卖方和买方的代办券商信息,也能够促进信息的透明、公平,维护投资和购买者的利益。

股转系统、主办券商、行情软件等将信息公布给投资者,一方面能够更方便投资者了解自己的交易状况,对未来的股权交易提供依据,另一方面也能够让整个新三板市场变得更透明,更好地维护投资者和购买者的利益,让市场得到良性发展。

第 11 章

新三板投资技巧

俗语讲:"工欲善其事,必先利其器。"对于新三板的投资也是如此,掌握一定的投资技巧和方法,能够实现投资效益的最大化。如何找到投资技巧,我们就要从新三板的基本面和价值进行分析。

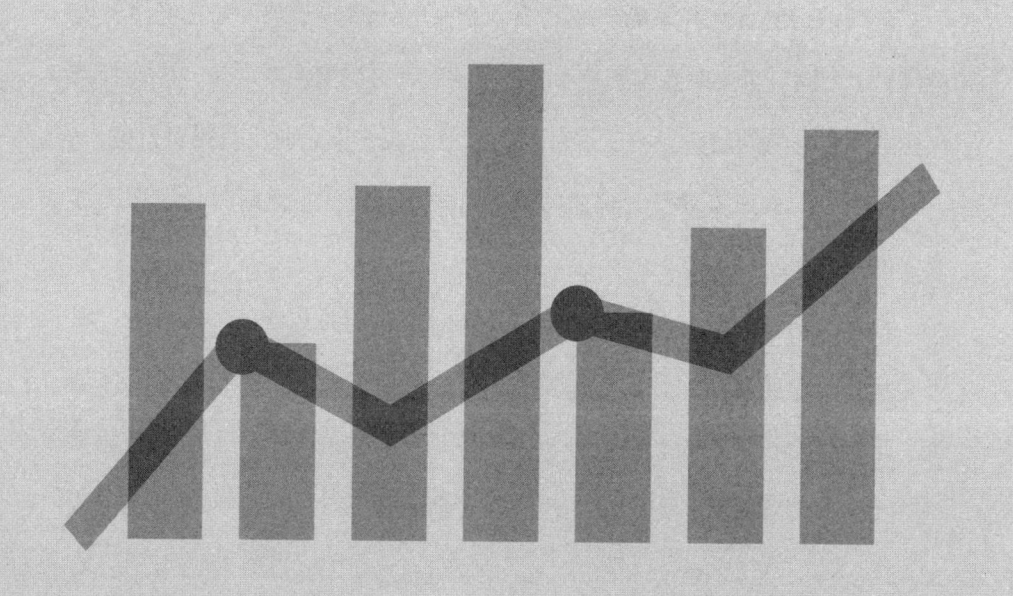

基本面分析

基本面分析法是新三板投资最常用的分析方法之一，侧重于股票的基本面因素分析，例如国家的宏观经济、行业背景、企业的经营状况等，通过分析这些因素找出股票的"内在价值"，然后将"内在价值"和企业股票市面实际价值进行比较。如果"内在价值"高于股票的实际价值，则表明股票具备投资价值，反之，则表明股票的价值虚高，投资者此时进入，风险性也会越大。

新三板市场的基本面分析包括宏观分析和微观分析

宏观是指要研究国家的宏观政策，企业所处的行业是否处在经济发展的风口上，同时也要研究国家货币政策。通过研究国家宏观政策，能够判断出企业未来发展的趋势，有发展前景的企业远比夕阳企业更具投资价值。

微观层面就是要对挂牌企业的经济行为和经济变量进行分析，得出其真实的情况和内在价值。

在基本面的分析上，最根本的还是要对企业的财务状况进行分析。财务分析作为企业基本面分析最重要的内容，能够更清晰地得出企业具体情况，迅速作出投资判断。财务分析不仅仅是对数据的解读，而应该从数据中找出企业有无虚假信息。因为现在很多新三板的挂牌企业为快速融资或者让自己的财报更好看，制作虚假的财务报表以获得融资机会。如果这时我们只对财务报表的数字进行解读，显然得出的很可能是错误的信息。为了得出更有价值、更正确的财务信息，我们应该分析各数据之间的关系和联系，分析报表有无自相矛盾的地方。若挂牌企业财务出现自相矛盾的地方，说明企业存在不可告人的秘密，这时我们也就应该放弃对企业的投资。

掌握基本面的分析方法后，投资者可以按照这些步骤对挂牌企业进行分析

一般的基本分析都是从国家的宏观经济出发，分析国家通货膨胀、利率水平、经济环境情况。在经济繁荣的时期，企业也能快速发展。当一个国家经济处于萎靡不振时，企业发展自然会受限。投资者分析完国家政策后，就要分析公司所在的行业。雷军曾经说过："猪站在风口上都能飞起来。"小米得以快速发展就是站在智能手机行业的风口上。投资一个站在风口上的企业显然是个巨大的利好消息。

分析完国家经济、企业所处行业情况，接下来就要对企业的具体实际进行分析，除了对企业的财务分析，投资者还要对挂牌企业的团队、文化、主营业务、产品市场份额等因素进行分析。通过全面的分析，能够得出企业全方位的信息，作出更正确的投资。投资者在进行投资企业基本面的分析时，一定要对自己保持强大的信心，对自己的分析结果提升到信仰的高度，这样，在挂牌企业股价大跌时才会勇敢买进，而不会产生丝毫的压力，在股价持续攀高时果断抛出，不会因他人而有影响。

另外投资者在进行基本面分析时也应该掌握相应的分析技巧。

（1）看主业

主营业务不突出的企业被市场淘汰的可能性也会更大。当投资者在进行投资时,关注企业主业经营情况,如果企业的主业在市场份额平庸,毫无竞争力,那企业的投资价值也不会很大,反之,企业的主业在市场保持旺盛的生命力,在行业处于领先地位,企业的投资价值是很大的。

（2）看企业的盈利状况

掌握企业的盈利状况,对投资者大有裨益。投资者不仅要了解企业目前的盈利状况,还要了解企业动态的盈利状况的质量,当然盈利质量越高,企业的投资价值也会越大。其次还要了解企业的利润构成、净利润率和现金流的情况判断企业经营状况。

（3）看效率

看效率要从三个方面进行：看企业业务的增产速度如何；看企业在业务增长时,中间费用的使用情况,中间费用越高,则说明企业的效率不高；第三就要看员工的效率,员工效率越高,企业的效率越高,企业的发展劲头也会更强。

（4）看负债

负债是一个公司不可避免的情况,但是企业的负债也要有一定的合理的范围,一般企业的负债程度在30%~60%左右。超过60%则说明企业的经营存有问题。因此投资者在投资时,也要注意企业的负债情况,避免选择企业负债率较高的企业。

投资者通过基本面分析,能够分析出企业所处的宏观经济环境、行业以及自身的经营状况,同时掌握基本分析的方法,甄选出优质的投资标的,进而从投资中获得更大的回报。

价值分析

随着新三板市场的扩容，做市商制度的出台，新三板的投资价值日益凸显。投资者在进行投资时，掌握一定的投资技巧对投资大有裨益。新三板的投资技巧除了上文提到的基本面分析方法之外，还包括价值分析策略。

价值分析主要对项目的背景、宏观经济运行态势和宏观经济政策（非必要选项）、产业、企业具体情况、技术等条件进行分析，然后得出企业的内在价值，进而根据企业内在价值决定企业是否具有投资价值。

通常来讲，一份新三板企业投资价值分析包括四个部分。

（1）上市公司简介

投资者在进行新三板挂牌企业投资前，首先要了解上市公司的具体情况。比如企业成立在哪一年，何地，企业的经营者是谁，他/她的人品、作风情况。同时也要了解企业的产品情况、产品市场份额等因素。投资者对挂牌企业进行基础性的了解，能够降低投资者的隔阂感，短时间里完成投资行为。

（2）基本分析

基本分析是价值分析最核心的一块，能够得出企业的竞争力，迅速判断出企业是否具有投资价值。企业的基本分析包括三个部分。

①宏观经济运行态势和宏观经济政策

经济是否繁荣，政策是否支持对企业的发展至关重要。企业被优惠政策包围，站在经济繁荣的风口上，企业的发展则前途无量。因此投资者在选择新三板挂牌企业时，要对国家经济运行态势和宏观经济环境进行分析，分析出企业是否站在风口上。

②产业分析

优质产业是投资者获利的重要保证，做好产业分析能为投资者甄选出优质投资产业。产业分析的方法有两个：波特五力分析模型和SWOT分析方法。

波特五力分析模型是迈克尔·波特在20世纪80年代初提出，最初应用在企业战略的制定，后延伸到企业投资价值的分析上。投资者在投资时，运用五力分析模型，要从这五个方面着手：供应商讨价还价的能力，即分析挂牌企业在和供应商合作时是否占据主导、有利位置；购买者讨价还价的能力，即使用者在用的产品是否为刚需，愿不愿意为享受的服务提供更多的资金；新进入者的威胁，即新进入者有没有可能颠覆企业产品的可能性；替代品的威胁，即产品有没有被其他产品替代的可能；行业现有竞争对手的危险，即竞争对手的产品能不能取代挂牌企业产品。投资者通过运用五力分析模型，能够得出企业产品现有的竞争优势和不足，选择是否投资企业。

SWOT分析法是基于企业自身既定的条件进行分析，找出企业的竞争优势和不足，这种方法一直被广大的投资者所用。投资者在分析时应该从四个方面入手：企业优势（strength），即企业的核心竞争力；企业不足（weakness），分析企业在经营中存在哪些薄弱之处，这些不足之处是否会影响企业快速发展；企业现有机会（opportunity）；找到企业现有的威胁之处（threat）。投资者运用SWOT分析法，能够对挂牌企业有个更全面的了解，以这些了解也能作为投资的依据，避免投资者踏入更大的陷阱。

（3）技术分析

投资者用波特、SWOT分析法分析好企业之后，为了保证投资分析的准确性，也应该借助技术进一步验证分析企业的价值，进而保证分析的准确性。通常新三板技术分析采用的是雷达图分析法。

雷达图分析法又称蜘蛛网图，过去是日本企业界进行综合实力的评估而采用的一种财务综合评价方法。而后效用逐渐明显，运用到投资分析上。雷达分析法的步骤如下：首先绘制三个同心圆，中间圆圈代表同行业的平均水平，最大圆圈代表同行先进水平的1.5倍，同心圆最小的圆圈是平均水平的1/2。然后将三个圆360度分成五个部分：收益性、流动性、成长性和安全性等指标。而后投资者就要对企业的这些指标进行问卷调查，分析这些指标有没有超过平均水平。然后将这些数值标到同心圆中，得出各项指标的优势和不足之处，指导投资活动。

（4）估值

新三板估值由绝对估值法和相对估值法两部分组成。绝对估值法有股利贴现模型、自由现金流贴现、剩余收益模型三种方法，其操作难度较大，对于专业能力不强的投资者来讲，不易实现。相对估值法由市盈率法和市净率法组成，相对简单，如果挂牌企业有较高的市盈率、市净率，则表示投资企业有较大的风险，投资者不宜进入。

投资者通过这四个步骤做好挂牌企业的投资甄选，选择风险性低，收益高的企业，从而给自己获得更多的财富积累。

Part 4
新三板挂牌上市实务

上市是每个创业者的梦想,新三板的出现无疑缩短了创业者实现上市梦想的路程。那么,要想在新三板挂牌上市需要作哪些准备?具体上市流程怎样操作?这些都是本部分重点介绍的内容。

第 12 章

新三板的上市条件

2015年是企业扎堆上新三板市场的一年，挂牌上市的公司数量突破5000家，市场容量的扩大也吸引众多投资机构入场。"马太效应"下，选择在新三板市场挂牌的企业也会越来越多。那么新三板的上市条件是什么？哪些企业能够在新三板上市？这一章就能解答你的疑问。

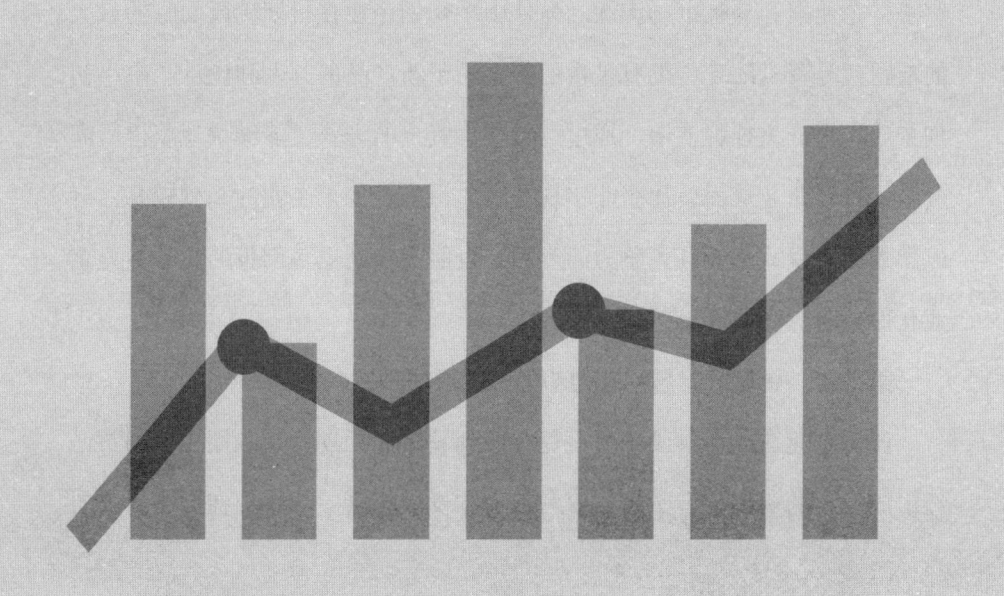

哪些企业适合新三板上市?

虽然新三板的准入门槛低,但是并不意味着所有的中小企业都适合在新三板上市。企业在新三板上市时必须要结合自身战略发展规划,深谙新三板的特点和市场地位,这样才能有效利用好新三板,发挥新三板最大的效用。

通常以下五类企业适合在新三板上市:

第一类:中小初创企业

中小初创企业通常处于成长早期阶段,抗风险能力弱,一旦巨头联合绞杀,企业很容易被市场淘汰。另外中小初创企业在早期阶段面临的最大的难题就是资金缺乏,没有足量的资金用于新产品的开发和设计。中小初创企业在新三板挂牌上市,通过定增募集资金的方式,能够快速获得所需资金,打开企业局面,让企业实现盈利。另外,如果企业的基础较好,有成熟的商业模式和极具竞争力的产品,也能吸引到更多创投的注意,为企业获得长期稳定的资金支持。

第二类:具备一定盈利能力却面临发展瓶颈的企业

任何企业在经营阶段不可避免会遇到发展瓶颈期,瓶颈期企业通常已经形成较大的规模,有一定的盈利能力和发展机会。但企业在这个阶段对自己的营销、内部管理、研发实力、市场覆盖等方面存在不足，急需企业快速成长起来。这类遭遇瓶颈期的企业选择在新三板挂牌上市，一方面能够为自己募集到企业发展所需资金，另一方面也能让企业进行战略升级，"迫使"企业站到一个更大的风口上，获得更大的发展机会。瓶颈期企业在新三板市场上市也能摆脱在成立初期野蛮生长的顽疾，为企业扫除病症。

第三类：未来两年有上市机会的企业

转板是新三板的巨大福利，优质企业在新三板发育成熟，通过转板机制登陆到创业板和主板市场。那些未来两年有上市计划，但目前不具备主板、创业板上市资格的企业，选择在新三板挂牌上市，也能够学习资本市场运作的方法，规范公司经营、财务、治理的问题。另外当企业条件、转板机制更加成熟时，企业转板之路也会更顺畅。

第四类：致力于开拓战略新兴产业的冒险型企业

自李克强总理在2014年夏季达沃斯论坛提出"大众创业，万众创新"的观点后，神州大地掀起全民创业的热潮，在众多的创业项目中，致力于开拓新兴产业的冒险型企业备受市场追捧。这类创新型企业有良好的发展前景，公司的掌舵人也想让企业快速发展有所成就。这类企业选择在新三板上市，市场给予较高的关注度，投资机构也会倾囊鼎力支持。巨额资金和市场高关注度也会对企业产生巨大的激励作用，提升整个企业的战斗热情，让员工拿出更高的工作热情，降低企业的运营成本。

第五类：需要提升品牌价值的企业

企业发展稳定，有较强的盈利能力，由于行业属性的原因，企业不需要进行融资，但知名度不高。随着市场竞争的日益激烈，企业知名度的提高急需解决。对于这类企业，登陆新三板市场能够进一步打开自己在全国的知名度，被更多投资者、消费者所熟知，企业自然能够获得更大的发展机会。

这五类企业通过在新三板上市，能够解决企业融资难、战略发展不足、知名度不高的问题，让企业获得更大的发展助力。另外这些企业在选择上市时，也应该提前做好上市准备工作，比如仔细研究企业的上市条件，进而让企业快速上市成功。

新三板上市的条件解读

新三板市场的持续火爆，也让众多企业挂牌之心萌芽。但不少企业经营者对新三板挂牌的条件仍然存有疑问。其实企业要想在新三板上市只需满足以下七个条件即可。

（1）挂牌企业依法存续满两年

企业要想在新三板上市，首先要保证企业经营合乎法律规范，有两个完整的会计年度，同时要保证企业股东出资份额、方式和比例符合《公司法》的规定。通过这个条件限制，从而让新三板市场更安全。这个条件对于深耕多年的线下企业来讲，显然不是困难之事。

（2）业务明确并且有持续经营的能力

"业务明确有持续经营的能力"这项条款要求企业披露业务的具体内容、依赖的资源要素、商业模式、现金流等方面。对这些条例的解读有三点。

①公司能够明确、具体地阐述出其经营的业务范围、盈利模式以及产品的服务和用途。

②公司可以经营一种或多种业务，但是每一种业务必须有关键性资源要素。同时这些关键要素要和企业业务、经营状况、处理和产出能力、企

业商业合同、成本费用相匹配。

③公司基于报告的生产经营状况，表明企业在可预见的将来能够持续地经营下去。

（3）公司治理机制健全

公司治理机制健全包括两部分：公司章程健全和独立性。

公司章程健全指的是公司能够在规定的时间里披露相关信息，规范重大事项的内部决策。

独立性是指公司的控股股东、实际控制人及其控制的其他公司实行人员、资产、财务分开，独立承担责任和风险。

公司治理机制健全还要求控股股东、实际控制人及其控制的其他企业不得利用其企业股东的权力，通过关联贸易、垫付费用、提供担保的方式来直接侵占企业的利益。

因此公司在挂牌上市前，要审视公司治理机制是否健全，如果公司治理机制不全，就应该积极进行整改。

（4）合法规范经营

企业要想在新三板市场上市必须要满足合法规范经营的条件。如企业的控股股东、实际控制人、董事、监事、高级管理人员必须依法开展经营活动，经营行为合理，同时在最近24个月内不存在重大违法行为；公司报告中不应存在股东包括控股股东、实际控制人及其控制的其他企业占用公司的资金的状况；公司也应该设有独立的财务部门进行独立的财务运算，相关会计部门能够反映企业的经营成果和现金流情况。

（5）股权清晰

拟挂牌上市的公司要符合股权清晰、权属分明、真实确定、合法合规，特别是控股股东和实际控制人及其关联股东不存在股权纠纷的问题。只有股权清晰的企业，新三板市场才会接纳，反之整天为股权而争吵的公司，不能给投资者清晰股权的公司，必会被新三板市场拒之门外。

（6）股票的发行和转让行为合法合规

拟挂牌公司要想顺利地在新三板市场上市，就要满足股票的发行和转让行为合法合规。具体如下：公司的股票发行和转让依法履行必要内部会议、外部审批程序，同时股票转让符合限售规定，而且在最近36个月内，不存在未经法定机关批准，擅自公开、变相公开发行股票的情况。与此同时，公司的控股子公司或纳入合并报表的企业的发行和转让行为也应该符合法律法规。

（7）有主办券商推荐并持续督导

主办券商作为新三板市场重要的参与主体，一方面能够将一些优秀的企业推荐给投资者，另一方面挖掘那些有潜质的优质企业。中小企业要想上市，必须要获得主办券商的推荐，被主办券商持续督导。

中小企业满足新三板上市的七大条件，才能够获得在新三板市场挂牌的机会，抢夺资本市场更大的机遇。但企业经营者要明白，挂牌新三板只是手段而非目的，只有充分利用挂牌取得融资，不断改善企业产品，让产品拥有更大的竞争力，才有可能实现企业长存。反之将"定增+路演"作为企业的主要工作，只会让企业丧失产品的竞争力，最后被市场淘汰。

第 13 章

企业股份制改制操作流程

当企业经营者决定在新三板市场挂牌上市时,就要对企业进行改制,将企业改为股份有限公司。在股份改制的过程中,经营者要注意到改制盲点、改制方案设计、股份有限公司的报备、审批和等级工作。注意到这些问题,避免企业在改制中走进死胡同。

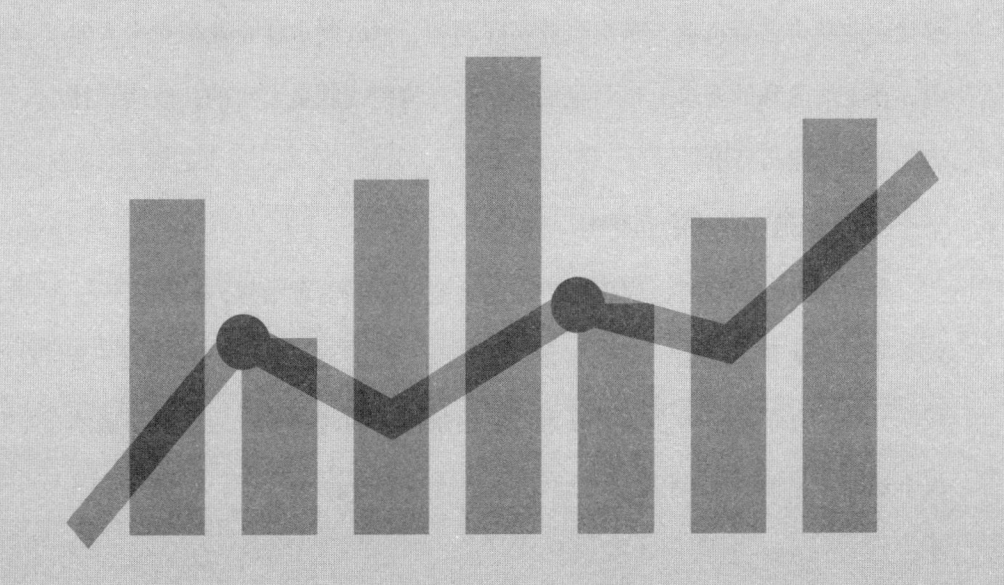

企业改制的问题点

中小企业登陆新三板在进行改制时,经常会遇到以下问题。

(1) 未明确企业改制目的

据研究,中国的企业平均存活时间在2.5年,新三板市场要求企业至少存活2年以上。企业在其最关键的年华时进行改制,必然会面临着更大的风险。很多经营者未考虑到企业的实际情况,认为企业改制能够将企业送到发展的快车道上。其实不然,不符合企业实际情况的改制,只会让企业的深层问题快速暴露出来,让企业被这些问题拖垮。另外企业改制虽然能够让企业获得融资机会,解决企业实际问题,但改制也让企业被更多人监督,在企业盈利的要求上也会更加严格,弄清楚改制最大目的,改制、挂牌的效用才能凸显出来。

(2) 规范企业的治理结构

企业在进行改制时,应该想方设法规范企业的治理结构,简单来说,就是要求企业具备三会(即股东会、董事会、监事会),同时要保证三会权责分明,真正能够将企业各项事务完美解决。同时企业也应该有明确的议事规则,完善的风险控制系统,信息披露制度等。

（3）突出主营业务

公司改制最重要的任务就是突出主营业务，让投资者看到企业主营业务实力，进而选择投资企业。企业在进行改制时，应该尽可能减少企业多元业务，突出主营业务，更好地展现企业实力。

（4）加强政府和专业机构的辅导

大部分挂牌企业都是初创企业，企业存在实力不强、规模不大、财务基础薄弱等问题。新三板是个新事物，政府和相应机构也会有一定的补贴。既然有这些好的激励措施，改制企业就要充分利用这些资源，在改制时积极和政府各个机构联系，寻求它们的帮助，继而让企业的改制在最短的时间内完成。

（5）企业的财务会计制度要符合企业会计准则

很多企业在改制时财务会计制度未符合会计准则，因而丧失上市机会。因此企业在改制时，要根据企业会计准则对财务会计制度进行改革。我国企业会计准则体系包括基本准则、具体准则和应用指南。其中，基本准则主要对企业财务会计的一般要求和主要方面作出原则性的规定，企业改革财会制度时要重点关注。具体准则是在基本准则的指导下，处理会计具体业务标准的规范，也是企业改革财会制度的主要依据。应用指南则是从不同角度对企业具体准则进行强化，供企业财务改革时作具体参考。

（6）避免企业与股东发生关联贸易和同业竞争

企业在改制时，尽量避免企业与股东发生关联贸易和同业竞争，防止给投资者产生企业挂牌上市存有不良目的的印象。

（7）企业之前募集的资金和资产重组要符合法律规定

新三板挂牌企业明确要求，拟挂牌的企业股票的发行要合乎常理，同时，如果企业在改制前的私募资金和资产重组也要符合法律规定，避免企业主营业务受到影响。

企业在改制时抓住这七个要点，才能够将企业快速从有限公司顺利转化成股份公司，完成企业挂牌的第一步，让企业拿到挂牌上市的机会。企业改制对于每一个拟在新三板上市的公司来讲，既是机遇，又是挑战，如何将挑战转化成机遇，就需要企业经营者抓住核心问题，加强企业业务发展战略，资本运营战略，进而撕开企业资本发展的口子。

企业改制的方案设计

企业改制方案是企业改制的具体操作依据，是企业改制成功的关键。拟挂牌企业要想做好企业改制方案，首先要摸清楚企业具体的实际情况，再结合改制方案设计的相关政策、法律、法规，使改制方案的设计更全面。

（1）改制企业的基本状况

改制企业的基本状况由三个部分组成：第一个是企业简况，比如企业的基本名称、企业住所、法定代表人、注册范围、注册法人等；第二个是企业的财务与经营业绩，即企业的资产总额、负债总额、净资产、主营业务收入和利润收入、总利润收入；第三个是企业职员情况，即企业职员的年龄比例、职工人数和知识层次构成等。

（2）企业改制的必要性和可行性

任何企业在进行改制前，经营者必须要进行自问，企业有无必要进行改制，以及改制的可行性。因为企业改制是一个危险的行为，稍有不慎就容易踏入误区，让企业陷入困境中。企业经营者通过自我审问，清楚改制的意义，进而制定的改制方案也会更有价值。

（3）企业重组方案

重组是企业改制的灵魂，是完成企业改制最重要的一步。企业重组方案由五个部分组成：业务重组方案，即根据企业的经营状况，并且结合企业的目标，通过合并、分立的方式对企业原有业务进行重新组合，企业在进行业务重组时，一定要保证重组后主营业务得到彻底突出，让企业的业务实力得到明显增值；人员重组方案，即企业在改制过程中，将企业的职工进行重新安置和分流，让企业的员工保持稳定状态；资产重组方案，即根据企业的经营状况，对企业的资产进行重新评估，然后确定股本的设计原则；股东结构及出资方式，即包括改制的企业的名称、出资比例和出资额等；股东简况，即公司各出资人在公司的结构比重、出资方式和出资额情况，了解股东的基本情况，也能够在设计企业改制方案时，有所侧重，兼顾各方利益。

另外，企业在改制过程中，也应该坚持以下三个原则。

（1）合法性原则

合法性是企业改制首先要遵守的原则，依法对企业进行改制，既能保证企业改制被社会承认，还能让改制后的企业得到法律的保护。合法性原则由两个部分组成：一个是企业改制的内容要合法，即拟挂牌企业在改制时企业合法存在，有正规的经营业务，同时改制也必须在一个正确轨道上；第二个是设计企业的改制方案的程序要合法，即企业改制方案符合法律法规，方案和法律法规无冲突点。

（2）稳定性原则

企业改制时要做好"变与不变"，变的是企业从有限或合伙制公司转变成股份公司，不变的是企业要保持连续生产和经营的稳定性。改制是转变企业在资本市场角色的重要工具，而非目的。因此改制方案的设计必须要保持企业经营的连续性和稳定性，避免因企业制度的变动而导致生产经营中断和停止。企业在改制时，做好员工、股东改制后的安放工作，从而避免员工因安放不当而让企业陷入混乱中。

（3）科学性原则

企业改制最大的目的就是建立先进的产权制度，让企业有科学发展的合理结构，进而实现社会资源的合理配置。改制方案要想实现企业愿景，必须坚持企业组织制度的科学改造，用科学的策略进行企业改制方案的设计。

拟挂牌企业经营者明白改制方案设计的原则之后，坚持合法、稳定、科学的改制原则，能够保证设计的企业改制方案符合法律、企业需求，同时企业在改制时做好企业改制的情况的摸排，明晰企业的经营、收益、负债情况，然后从五个方面对企业进行全方位的改制，能够让企业改制真正实现其愿景，让企业快速进入到资本市场，在资本市场获得更大的发展机会。

设立股份有限公司的程序

企业要想在新三板挂牌上市，发行股票，首先要设立股份有限公司。股份有限公司的设立有两种：一种是发起设立，指的是发起人认购公司应该发行的股份而设立公司，它有两种形式，一种是新设，即公司从无到有设置一个公司，另外一种就是整体变更，将有限公司变更为股份有限公司；第二种是募集设立，发起人认购公司应该发行股份的部分，其余部分向社会募集或者向特定对象募集而来。由于新三板市场要求企业经营年限要超过2年，而有限责任公司按原账面净资产折股整体变更为股份有限公司，经营时间从有限责任公司算起。因此为了尽快登陆新三板市场，企业多采用账面折股整体变更方式。

通常设立股份有限公司的程序如下：

（1）设立企业改制工作小组

企业改制是一个复杂的工作，仅仅依靠企业经营者个人显然很难完成，因此企业要设立改制工作小组，成员相互配合更好地解决企业改制问题。

企业改制小组要完成以下工作：统筹安排改制工作进程，督促改制各项工作尽快完成；聘请会计事务所、律师会计所等中介机构帮助企业完成改制；给中介机构提供企业相关信息和资料；协调公司内部和中介机构的对接工作，中介机构在进行工作的时候，必定要了解企业的各项信息，这时领导小组应该尽可能协调企业各部门关系，让各部门配合中介机构完成改制；拟定改制的各项工作，比如改制的股份的分割、人才的流动等。

（2）尽职调查

尽职调查是企业在设立股份有限公司最重要的一步，企业改制小组积极配合律师、券商、会计的调查工作，为下一步改制方案的制定打好坚实的基础。企业改制小组在尽职调查时，应该着重把握以下三方面。

①企业的工商登记、股权结构、管理机构、企业制度、诉讼法律等。

②详细调查企业的财务状况，比如企业负债、现金流情况。

③对企业的无形资产进行有效的评估。

企业改制小组通过进行尽职的调查，给中介机构提供更可信、有效的信息，让企业的改制快速完成。

（3）确认发起人

确认发起人有三种方式：

①公司以全部净资产进行折股改制，企业原有的股东共同签署发起人协议书。

②现有股东要转让部分股权，引入新的股东作为发起人，对企业的股权进行调整。

③联系发起人，伺机引入战略投资者的风投。

（4）制定改制方案，并取得认可

企业在设立股份有限公司时，结合发起人的意见设立股份有限公司时应该形成以下文件：《股东会关于公司改制的决议》《改制可行性调研报告》《发起人框架协议》《企业改制总体设计方案》等章程。

（5）发起人出资

企业在进行折股改制时，为了保证公平、安全，必须要由会计事务所进行验资，出具相应的验资报告。当实物股权进行出资时，应办理产权转移手续，出具相应的验资报告。如果有新的股东进来，企业也应该设置验资账户，发起人出资认购相应的股份。

（6）召开创立大会

当股款缴足30日后，企业经营者就应该召开大会，对一些重要的问题进行决议，决议的事项包括以下四项。

①审议发起人关于公示筹办情况。

②通过章程。

③选举董事会和监事会成员。

④对现在的股份公司进行审核。

（7）股权变更

企业召开创立大会30日内，董事会相关负责人员也应向工商局申请办理相关手续。通过工商局的相关审核后，企业股权变更成功，成为股份有限公司。

企业通过这七个步骤，就能够成为股份有限公司，获得挂牌新三板的入场券。企业要想快速拿到新三板这个入场券，就应该认真踏实做好每一步，将每一步做完美、到位。

股份有限公司的报备、审批和登记程序

企业通过主办券商内核,得到公司股东的同意,又获得主办券商推荐的机会。下一步要做的工作就是做好公司的报备、审批和登记程序,进而让企业得到新三板市场的承认,让企业不仅在新三板市场得以"名正言顺",还有更多的机遇到资本市场进行掘金,拿到更多属于自己的财富。

企业备案的过程是先准备好挂牌相关材料,然后将材料递交给全国股份转让系统进行备案,证明企业能够满足相关挂牌资质,进而让企业拿到新三板市场的入场券。值得注意的是,企业在向股转系统进行报备时,一定要将所需的资料准备完善。这份材料必须包括企业详细的经营状况、主营业务、主要股东的详细情况以及主办券商的推荐情况。详细的准备材料信息能够打消股转审查工作人员的疑问,企业也能在短时间里得到股转系统通过的机会。反之,不详细的备案资料,只会引起股转系统更多的疑问,进而让企业的挂牌之路更困难,让企业被股转系统拒之门外。

当然企业在股转系统备案不是企业经营者个人的工作,而应该是企业重要股东、主办券商、会计事务所共同承担的工作。当企业经营者在递交报备材料时和各方不断交换思想和意见,也能保证材料更完善。企业也能因详细的报备资料得到更多投资者的青睐,完成企业的融资计划。

企业报备成功,并不意味着企业取得挂牌上市的机会,相反企业还有很长的路要走，还有更多的任务要做。企业递交报备材料后，也需要递交一定的资料给证监会，让证监会审查企业是否具备挂牌的资格。企业递交资料给证监会是企业挂牌最重要的一步，如果企业资料准备不详细，或者企业未能理清股东之间的利益，不能突出公司的主营业务的优势，都有可能遭到证监会的拒绝，企业在新三板挂牌上市之梦，也会因此破碎。

随着新三板市场逐渐发展完善，一些对广大中小企业的利好消息不断放出，最典型的莫过于证监会对中小企业资格的审查的严格程度正在递减，比如证监会对企业的盈利能力、利润情况、企业种类要求不再严苛。审查制度的放松预示着企业得到挂牌上市的机会也会变大。

现在证监会在审核的过程中，也会给企业一些反馈意见。如果企业的确不符合挂牌上市的条件，证监会会果断拒绝，不让企业受到伤害或者祸害别人。若企业存在某项资料的缺失和不足，证监会会给企业提供相应的整改方案，让优质企业得到上市机会，同时提升企业在资本市场的竞争力。

证监会作为一个服务机构，是给企业提供各种优质的上市服务，提供更有利于企业上市的各项条件。但很多企业经营者却认为证监会就是一个审查机构，显然这种定位是有问题的。因此企业经营者在提交各种资料时，将证监会定位成一个服务者，对它拿出更好的态度，从而让企业通过审批。

企业通过证监会、股转系统的审批会，这表示企业已经拿到挂牌新三板的半张门票。接下来企业经营者要做的就是完成企业股份登记，签署股份登记协议，让企业转让股份具备法律意义。当企业股份转让协议得到法律的认可时，企业也能得到法律的保证，获得更多的有利条件。

企业通过股转系统同意和证监会的审批，做好企业股份登记，就能完成企业挂牌梦想，拿到新三板上市的门票，进而在资本市场取得更大的蛋糕，获得更多的好处。

第 14 章

新三板挂牌上市准备

"凡事预则立，不预则废。"企业挂牌新三板也是如此，做好相应的准备工作，也能让企业快速登陆新三板市场。具体到挂牌上市的准备有以下内容：战略投资者、中介机构、主办券商的选择，以及企业组织结构的调整、发展战略的梳理、财务管理的强化等内容。

战略投资者的选择

战略投资者是新三板市场最重要的主体，没有它不仅企业短时间内不能拿到所需资金，丧失登陆新三板的价值，同时新三板市场的流动性也会一蹶不振。因此挂牌企业在上市前，作好企业战略投资者的选择，能够让企业在挂牌新三板市场后，快速获得融资、技术和管理经验，让企业在市场占据较大的市场份额。

挂牌企业固然需要战略投资者的支持，但是并不是所有投资者都符合企业战略投资者的标准，有权力获得企业股权。因此企业在新三板挂牌上市，经营者一定擦亮眼睛选择最适合自己的投资者。

通常来讲，优秀的战略投资者符合以下四个条件。

（1）有较为雄厚的资金储备

2015年5月19日，国内新能源龙头苏州爱康能源有限公司，在引入战略投资者后，迅速启动新三板上市步伐。爱康实业引进战略投资者包括商业巨头农银国际控股集团。本次引进的资金金额超4亿元人民币。这笔融资对于爱康实业的发展无疑至关重要，这使得企业各项创新研究得以落地实施，创新成果的落地无疑增强企业的创新实力，企业在行业的排名得以提高，市场份额也是节节攀升。

挂牌企业引进实力雄厚的投资者，有利于快速满足企业刚需，为企业发展助阵。因此企业挂牌上市，引进的战略投资者首先要具备雄厚的资金。因为大部分挂牌企业上新三板最大的目的就是获得融资，用资金解决企业运转困难，让企业得以正常运转，所以一个有雄厚经济实力的投资者，对企业来讲无疑是雪中送炭。反之，如果企业的战略投资者，不能在很短的时间内，给企业提供强大的资金支持，企业在新三板挂牌的愿景也就丧失。没有强有力资金支持的企业，很容易在巨头的联合绞杀中成为炮灰。

（2）有能力并且愿意长期持股，希望与企业共同成长

在新三板挂牌的企业多为高新技术企业，短时间内很难为投资带来利润，因此拟挂牌企业引进的战略投资者，必须要能保证投资者能够给挂牌企业源源不断的资金支持。如果投资者不能给挂牌企业提供相对长期的资金支持，不愿意长期持有公司股权，这种投资者显然不是企业战略投资者。因为没有长期资金支持的企业，很容易出现资金链断裂的情况，这也会让企业之前做的所有功亏一篑。

（3）与发行人业务有着密切的联系，拥有促进发行人的实力

挂牌企业在选择战略投资者时，尽量选择与自己业务有往来的投资者。因为战略投资者与企业有一定的业务往来，则说明两者有共同的利益，企业和投资者会成为一根绳上的蚂蚱，荣辱与共，这样投资人也会真正站到企业的立场上，做更多有利于企业的事情。企业所融到的资金，也能按照自己的目的进行分配，最大限度地实现每一笔资金的最大价值，真

正实现融资的愿景。

(4) 认同企业的经营战略,追求长期战略利益

挂牌企业的战略投资者不仅要对企业投入资金,还要向企业投入一定的心血和精力。什么样的投资者不仅愿意投资,还愿意向企业投资心血?毋庸置疑,是那些认同企业经营理念,认可企业价值观的投资者。

因此企业在选择战略投资者时,首先要向投资者阐述企业的经营战略和理念,让投资者理解企业愿景是什么,企业和其他企业有何不同之处。然后,企业再选择那些认同企业理念的投资者。虽然这种选择投资者的做法,会让企业流失一些投资者,丧失掉大量融资金额。但是这种以企业价值观寻找投资者的做法,能够让企业找到"情投意合",愿意和企业共担风雨,共享财富的投资者。

挂牌企业按照这四个原则寻找企业的战略投资者,能够为企业找到实力雄厚,愿意长期为企业付出心血和资金的投资者,真正让企业借助投资者力量在新三板市场快速成长。当然找到投资者不意味着企业能够长期留住投资者,相反,即使投资者和企业达成合作,在合作期间也可能产生裂隙,拟挂牌企业要想长久留住投资者,也必须拿出自己的诚意和行动,用诚意和行动实现双方的长久合作。

第⑭章 新三板挂牌上市准备

中介机构的选择

企业在规划新三板上市过程中，仅凭一己之力显然很难完成企业上市梦想，而此时通过外援帮忙能够巧妙解决这个难题。企业在新三板挂牌的外援有主办券商、律师事务所、会计事务所和资产评估机构。当然企业在选择中介机构时自然不能"饥不择食"，而应该做一个"挑食者"，对机构抱有"挑剔"之心，继而挑选出最适合的中介机构。

选择与企业沟通融洽、无障碍的中介机构

很多企业不仅在挂牌上市前对很多上市规则、秩序存有疑问，不知道做哪些工作让企业快速登陆新三板市场，同时企业上市后对股票增发也会存有疑问。为了解决这些问题，企业选择的中介机构必须和企业保持融洽、无障碍的沟通，将企业的上市问题完美解决。

有些挂牌企业在中介机构的选择上栽了不少跟头。比如企业在挂牌上市后，联系中介机构进行融资时，中介机构对企业不理不睬，甚至不接企业的电话，最后企业不得不更换中介机构。重新聘请中介机构，不仅仅会浪费企业的资金，加重企业的运营成本，还很有可能丧失企业最佳融资机会，让企业错失发展的最佳机会。

各中介机构之间沟通顺畅、无障碍

很多企业经营者认为各中介机构在工作时是一种独立的状态，不用在乎各机构之间的融合、沟通情况。这种想法显然是有失偏颇的，虽然各中介机构相互独立，出具客观、公正、独立的报告，但是在企业的改制阶段，各中介机构需要召开协调会，在会上各机构将企业的各种问题梳理出来，提出解决方案。试想若各中介机构沟通存在问题，或者机构之间没有形成融洽的合作关系，企业的问题就不能被梳理出来，这很可能导致企业问题搁置，当问题长时间堆积，企业发展的顽疾形成，企业的挂牌梦自然就此破碎。

因此，企业在聘请中介机构时，一定要注意到机构之间的合作问题，如果两机构之间之前存在"世仇"或者有合作不快之处，企业经营者应该避免让其成为企业挂牌上市的外援。另外，企业经营者也应该尽可能组织一些活动，增加各中介机构成员合作的机会，让机构成员之间拥有融洽的关系，从而让它们在为企业挂牌时全力以赴，将企业挂牌计划完成。

考虑企业自身行业特性和需求

很多企业在聘请中介机构时，为了节省挂牌费用，总想着聘请最便宜的中介机构。这种想法无可厚非，但如果企业一味节省中介费用，很可能让企业聘请到专业能力不高，服务态度不好的中介机构，让企业的挂牌上市之路走得更艰辛。另外还有一些企业家错误地认为，品牌效应大的中介机构能够让企业快速完成上市梦想。其实不然，品牌效应大的中介机构一方面企业需要支付巨额的成本，这无疑加重企业运营负担；另一方面品牌效应大的中介机构，由于要处理很多业务，相应企业挂牌审核的周期也会变长，审核周期不合理，很可能让企业丧失最佳融资机会。因此企业在选择中介机构时，应该首先审视企业自身的情况，找到企业最真实的需求，然后根据需求来寻找最适合自己的中介机构。

企业选择和企业沟通顺畅的机构，同时各机构之间也能顺畅交流，这种机构能够帮助企业扫清挂牌上市的障碍，让企业在最短的时间里完成上市梦想，拿到融资，实现最初的愿景。但值得注意的是，企业在选择中介机构时也要明白，看似自己在选择中介机构，其实中介机构也在选择企业，如果企业不够优秀，产品在市场上没有足够的竞争力，机构自然不会为企业付出自己最大的心血。因此，企业也应该不断打磨自家产品，让产品有更大的竞争力，占领更大的市场，只有这样中介机构才会从内心深处愿意为企业竭尽全力，实现企业的愿景。

主办券商的选择

主办券商是指取得从事代办股份转让的主办券商业务资格的证券公司,在企业新三板挂牌和后续督导中,发挥着绝对作用。没有主办券商的帮助和督导,企业很难在新三板挂牌,更别提融到资金。拟挂牌企业选择合适的主办券商对企业挂牌上市至关重要,选择恰当的主办券商,能够让企业的资本市场之路走得一帆风顺。一旦选择不当,企业非但不能在资本市场完成资本的积累,反而会阻碍企业正常的发展。

企业要想选择一个优秀的主办券商,可以从以下几个方面入手。

(1)看主办券商团队的实力

主办券商由证券公司演变而来,专业实力自然是毋庸置疑,大部分都能完成企业的挂牌计划。专业实力强并不代表主办券商符合企业的"口味",主办券商的服务能力和其专业能力至关重要。因此主办券商在为企业具体服务过程中,企业应该考察其团队服务、成员的合作情况,如果主办券商团队服务态度差,团队成员不能有效地配合,工作效率不高,这时企业就应该提高警惕,考虑是否和主办券商结束合作。另外,企业在选择主办券商时,尽可能选择本地证券公司,避免企业挂牌后续辅导、服务跟不上,"项目人员离职导致企业找不到人"的情况发生。

（2）看主办券商提供的方案

专业的券商团队，不仅能够为拟挂牌企业提供专业性的解决方案，完成企业改制，还能够为企业后续资本运作提供一套详细的资本运作路径和体系。主办券商为企业提供更多增值的方案，能够让企业在资本市场"俘获"更大的好处。

因此，拟挂牌企业在选择券商过程中，认真、仔细看主办券商提供的方案，审查方案有没有站在企业发展的高度上，如果方案平庸，不能为企业后续资本市场运作提供有益的指导方案，这能够一针见血地反映出主办券商的实力不济或工作不努力，这时企业就不能再选择这个券商。

（3）看券商具体情况

一般来讲，券商规模越大、实力越强，知名度越高，它给企业提供的服务范围也会更广、更全，让企业在资本市场走得更远。企业选择券商时，摸清企业具体的实际需求，在企业财力支持的情况下，结合企业自身情况，尽可能选择一些知名度高、实力强的本地证券公司。企业在实力强大的券商的扶持下，其发展自然不言而喻。

（4）看券商的资源问题

优质的主办券商不仅能够让企业在新三板市场挂牌上市，还能为企业在经营、财富监管、整合资源上面提供各种各样的服务。企业怎样发现主办券商是否具有这些非凡能力，就需要看主办券商有无特殊资源优势，比如它和政府的关系怎样，有没有和政府有亲密的业务往来，它背后有没有大的财团支持，同时还要看它除了在新三板市场业务之外，有无其他业务，"审查"这些业务能不能给企业提供其他帮助。找到一个有强大背景资源的券商，也能打开企业市场，对拟挂牌企业未来的发展大有裨益。

（5）看价格

对于主办券商的价格，企业经营者不能过分斤斤计较，一味想着压低主办券商的价格，或者直接选择一些价格低的主办券商。其实，好的主办券商团队就应该值更高的价格，高价格的背后它能够给企业带来更多的服务。如果企业过分在意价格，只会让优秀券商离企业而去，失去优质券商帮忙的挂牌企业，上市之路可能较为坎坷。另外，如果企业在价格上给予主办券商一定的空间，也会让主办券商对企业有一定的好感，这样券商在进行企业设计改制方案时，也会为企业付出更大的心血，为企业提供更多的增值服务，企业获益也会更大。

拟挂牌企业依据这五个要素选择主办券商，能够选择出专业实力强、规模大、能够为企业提供更多回报的主办券商。企业在优质主办券商的帮助下，能够快速完成挂牌上市流程，业务不断开拓，实力不断壮大。在"马太效应"下，企业发展自然是前途无量。

企业组织架构的调整

很多中小企业被新三板市场拒之门外的很大一部分原因就是企业组织架构存在问题，比如组织架构缺乏前瞻性、部门职责不清、管理层错位等问题。拟挂牌企业要想避免因企业组织架构问题而失去上市机会，就要在挂牌上市前做好企业组织架构的调整工作，通过调整让组织机构符合挂牌标准，企业也能获得挂牌机会。

调整一：突出主营业务优势地位

虽然新三板对企业的盈利并没有过多要求，但它仍然要求企业具备主营业务，同时要求主营业务的竞争力也不能低。企业要想在新三板市场上市，在资本市场获得投资者的青睐。企业首先要做的就是对其业务进行调整，砍掉多元业务模块，将企业的精力和资金放到主营业务上，这样能够让主营业务快速做大做强，企业也能因此获得更大的竞争力。但是很多经营者在砍掉多元业务时，犹犹豫豫，不忍心对现有盈利的项目动手。经营者的这种做法，只会让企业核心业务变成平庸项目，最终企业被众多平庸项目拖垮，丧失掉企业核心竞争力，成为市场的炮灰。

调整二：划分部门职责，防止部门职责出现重叠和空白

部门职责不清是企业组织架构最常见的问题，比如一些商贸类的企业市场部和销售部在促销活动上和对外宣传上出现重叠或者过分宣传的情况；生产类企业采购部和设备部在专业设备采购上有重叠，让企业采购了多份产品。除了职能重叠，职能空白也是很多组织出现的问题，比如很多企业在文化建设、品牌建设和员工职业规划上存在空白。

职能重叠和空白极易出现业务反复做或业务没人做的情况，这会降低企业运营效率，让企业的管理变得一团糟。企业在新三板挂牌前期，划分部门职责，能够落实企业各项工作，让任务得到有效解决，企业的运营效率也能得以提升。

调整三：削减管理层，避免管理出现错位

中小企业虽然人数不多，规模不大，但很多企业染上大企业的通病，即管理层数高，管理人员多。企业管理结构的不合理，很容易让企业的一项命令在多层级执行后发生错位，丧失命令价值。另外企业底层员工的心声也不能被管理者听到，这也会让企业进入"掩耳盗铃"的怪圈中。同时设置众多管理层人员，很容易出现管理错位的情况，该管的地方没人管，不该管的地方乱管，这种情况对于企业的发展是可怕的。

而今企业在挂牌上市前，削减管理层，让管理落到实处，解决管理错位的问题，能让管理人才发挥其应有的价值，提升人才对组织的满意程度。企业管理模式明晰后，投资者也敢于将资金投向企业，企业的资本之路自然会一帆风顺。

调整四：完善内控体系，统一责权

企业分为人权、财权和事权。人权由人力资源管理部门负责，包括人事任免权、人事指挥权、人事考核权和人事奖惩权；财权由企业的财务部门负责，包括资金预留权和资金支付权、资金使用权；事权由企业的决策层负责，决定企业各项战略的制定和执行。权责不统一是拟挂牌企业最常见的病症，一方面企业的中小层管理者普遍反映每天任务多、重，工作压力大；另一方面企业高层感觉管理者任何事都找自己作决断，没有个人主见，不能为自己分担相应的工作分量。双方的埋怨只会让个人的工作效率一塌糊涂。

而今通过调整，建立完善风险内控体系，既能让企业高层敢将企业的重要事务交给中小管理层办理，也能让中小管理层在管理时，享受到更大的成就感。

企业在拟挂牌上市前通过这四个方面对企业组织架构进行相应的调整，能够让组织更符合投资者的口味和新三板市场的规则制度，让企业快速获得新三板挂牌的入场券，实现上市的梦想。

企业发展战略的梳理

企业经营者在新三板挂牌前做好发展战略的梳理，能够对企业有更清晰的认识，清楚企业目前处于何种阶段，具体的情况是什么，如果在新三板市场挂牌也明白用何种方式走下去。虽然拟挂牌企业的经营者明白战略梳理的重要性，但是他们真正进行战略梳理时，仍然存在策略梳理不到位，深度不够的困境。

其实经营者要想做好企业战略梳理，只需以下三步。

（1）梳理企业发展愿景

企业发展战略梳理的第一步就是要梳理企业的愿景、使命、价值观。如何梳理？就需要经营者对企业内外环境进行分析，分析包括企业的客户是谁，客户的消费习惯、性格特征如何，也就是我们说的客户大数据，以及企业生产的产品，产品有何种优势和不足，竞争对手的具体情况，产品市场的整体环境。

通过对内外环境进行分析，经营者能够对企业产品所处的整体环境有大致的了解，得出相关分析结果。然后企业高层围绕该分析结果进行讨论，讨论出企业的愿景是什么，即企业在未来要发展成何种样子。同时也要得出企业使命，即企业存在于这个社会的意义是什么，能够为社会上的自然人带来哪些好处。得出企业价值观，即企业在生产产品、进行营销时应该遵循什么样的价值观。比如谷歌的企业价值观就是"不作恶"，阿里巴巴的价值观是"客户第一，员工第二，股东第三"，诺基亚的价值观是"科技以人为本"。

（2）做企业的业务组合

企业战略梳理的第二步就是将企业分散业务进行战略业务组合。通过业务策略组合能够帮助企业确定未来发展方向，让企业走上一条健康的道路，同时业务策略组合也能淘汰落后产业，扶植一些更有价值、潜力的企业，真正实现企业资源的优化配置，让企业踏上发展的快车道。与此同时，经营者对战略业务梳理，能够凸显企业的主营业务，将企业的主营业务做大做强，让企业有更大的竞争力，抢夺更多的市场份额。

另外企业经营者在进行战略业务组合时，可以利用波士顿矩阵法，分析企业最近两年的业务变化趋势，然后将一些规模大、利润高的企业定位成企业核心业务，之后企业对这种业务倾注更大的心血和精力，促使其快速成长；而对一些规模不大、利润尚可的企业定位为成长企业，企业可以对其进行政策、资金的倾斜，扶植其快速成长；对一些目前利润不高、规模尚可的业务定位成未来业务，企业目前不用给予其过大比重的资金和政策倾斜，可以先让这类企业在市场生存，看其发展状况，然后再决定是否对其进行长期扶植。

企业经营者通过业务战略组合、定位，能够让企业的业务发展模式更清晰，让企业每一个员工知道在下一个阶段做什么，如何做，这样企业就能在最短时间内完成设定的目标，取得更大的发展机会。

（3）制定企业业务战略

企业经营者通过梳理企业发展战略，对企业进行业务组合，这对企业制定企业战略规划大有裨益。经营者在制定业务战略规划时，应该在每一步战略规划上都要配合详细的执行细则，这样员工通过一步步实现企业的战略规划和细则，才能够实现企业长远的发展愿景。另外企业经营者在制定战略规划时，应该充分结合战略梳理和调查，从而保证制定的企业战略真正从企业实际出发，能够解决企业现实的燃眉之急。

实际上战略的梳理就是对高层多年的经营战略思想进行修剪，将其战略思想凝结成一个更有价值的点，为企业留下一个最具价值的战略规划。规划做好，不去执行规划的价值为零。制定规划后，企业各部门要围绕战略规划，认真做好规划的每一步，进而真正实现这个业务战略。当企业的战略得到有效的执行时，企业各项目标自然能够实现，比如产品市场份额提升，企业运营效率提升，产品品质提高等。

经营者在企业挂牌上市前做好发展战略的梳理，对企业发展有更全面的掌控和把握，进而制定出更适合企业的发展挂牌战略。这样企业挂牌上市就能做到胸有成竹，撬动资本市场更大的蛋糕。

企业财务管理的强化

新三板市场融资效用不断加强，让它受到众多中小企业的追捧。当然新三板市场不似大海有广阔的胸怀，对前来挂牌的中小企业全部接纳，这也使得一些财务管理有问题的企业被拒之场外。企业做好财务管理的强化，也是获得挂牌机会最有利的武器。但实际上，不少企业在财务管理上存有以下问题。

企业的财务工作未能严格按照会计准则进行

拟挂牌企业欠缺会计、财务规范，不遵守相关的会计准则。比如随意变换固定资产的折旧计算方法，不能给投资者提供真实有效的企业固定资产数据；没有坚持会计一贯性的原则，随意地更换会计政策，导致企业内账、外账一塌糊涂。类似不遵守会计准则的情况还有很多。这不仅影响企业快速走进新三板市场，还会让企业的外界形象一落千丈，进而让企业丧失掉大量投资者。

因此拟挂牌企业在进行上市时，必须要严格地遵守会计准则进行财务管理，在账务处理时制定相应的规范和要求，进而让账务真实反映出企业的固定资产和发展潜力，让企业获得更多投资者的青睐，同时提高企业的社会形象。

盈利规划不合理，业务不能实现持续经营

投资最大的目的就是获得回报，新三板市场投资者购买企业股权也是如此。企业要想快速获得融资，必须要做好盈利规划，让投资者看到投资企业的未来和希望，这样他才有可能给企业投资。但目前很多企业在财务上存有问题，仍然秉持"车到山前必有路"的姿态。缺乏盈利规划的新三板企业，不仅会得不到投资者的青睐，反而会让企业没有目标的指引，发展陷入绝境。

经营者对财务进行合理的盈利规划，让新三板投资者看到投资企业的希望，进而愿意为企业投入更大的心血和资金，让企业快速获取所需资金。另外经营者在制定盈利规划时，要结合企业自身的经营状况、财务状况，从而保证制定的盈利规划更合理、更科学、更有价值。

内部控制不健全，影响企业财富管理水平

企业内部控制机制是各中介机构考核的重要内容，中介机构对企业内部控制重视的原因是内部控制贯穿于企业管理的方方面面，健全有效的内部控制对企业财务的提高至关重要。目前很多拟挂牌的企业的内部控制机制存有一定的缺陷：一是缺乏有效的内控环境要素，企业文化、规章制度的缺乏，不能控制企业相应的风险；二是企业风险控制能力差，企业对风险的识别、测量和管理存有问题；三是内部控制活动，企业在日常经营和管理中，缺乏强有力的执行能力，企业的各项制度不能得到有效执行。

为了通过金融机构的审查，同时提高企业的风控能力，想要在新三板挂牌的企业要建立一套完善的内部控制机制，用控制系统来规避企业经营风险，让企业快速成长。风险机制建立的步骤如下：首先，完善企业内部控制体系，建立有效的内控要素，营造相应的企业文化和经营制度，用规章制度、文化来对企业进行合理有效控制。然后，提高企业风险识别能力，继而当风险来临时，企业感受到风险之后，尽快作出反应，将风险扼杀在摇篮里。最后，将风险控制贯穿到企业经营的方方面面，企业的风险自然能够被有效控制住。通过企业的内部控制活动，能够进一步保障企业各类经营活动，让企业经营、资金处于一种相对安全的状态，提高企业的管理水平。

拟挂牌的企业，在财务管理上严格按照会计准则，制定合理的盈利规划，建立健全的防控机制，能够极大地强化企业的财务管理。这样企业登陆到新三板市场上，由于其良好的财务状况和严格的风险控制机制，会受到更多投资者的追捧，企业也能快速获得融资，企业得以正常运转，打开更大的市场。

准备和制作申请材料

企业在新三板上市,准备和制作一定的申请材料必不可少,充足的申请材料能够有效证明企业经营、盈利状况正常,打消投资者的怀疑,撬开投资者投资需求。

(1)公司基本状况

拟挂牌企业在准备挂牌资料时,首先要准备企业的基本情况资料。公司资料由以下内容组成:公司的名称、地址、何时成立、公司性质;公司所有权结构,主要股东和持股比例;公司的董事和高级管理层的主要情况,管理者的学历、经验、履历等因素;企业外部法律顾问情况;公司的主要部门、业务组织机构,公司开发的产品情况;公司所处行业的趋势和发展状况,公布此项资料,能够让投资者对企业未来充满更大的信心;公司最近几年的经营计划、预测和预算报告;主要未决和已决的诉讼;公司信贷的信用等级;公司SWOT分析;企业的发展理念、目标和战略;公司文化是什么,文化和企业有什么实质性的联系,有无推动企业快速发展的作用;国家政策的影响和管制。

拟挂牌企业准备的公司基本状况资料,能够让投资者对企业有更多的了解,增大投资者选择企业的机会。

(2)产业和行业分析

企业挂牌上市时申请和准备的资料也要包括产业和行业的分析。比如对企业的产业结构进行分析:哪些是企业的核心业务,哪些是成长期的业务,哪些是企业滞后业务;企业的产业增长,竞争态势;企业产业的主要客户和供货商;企业所需劳动力的情况,本地区的劳动力有没有存在不足的情况。

(3)财务和会计状况

企业准备财务和会计资料,能够更真实地反映出企业目前的经营状况,给投资者提供更清晰的企业财务信息。企业财务和会计状况资料包括:企业的财务报表,最近三年的资产负债率,损益表,现金流溢表,企业产品线和地区分布的财务报表,公司的坏账报表;企业的固定资产比如厂房、设备;其他资产比如商誉,一些重要的研究和开发、专利、品牌和开发;分析通货膨胀情况,企业的潜在债务等等。

(4)税收

①企业税收类型、近两年缴纳的税收凭证。

②是否存在税收争议的问题。

③特种类型的企业或者特定产业税收进行相应的分析和处理。

(5)组织人事

企业团队成员经验和实力是投资者比较看重的一块,因此,企业要提供组织人事图,员工的数量和素质,企业对高新技术人才的依赖程度,员工的福利,以及员工三险一金,企业有没有一些特殊的福利,企业在员工培训等方面的资料。组织人事的资料,更全面展现企业员工人事状况,便于投资者掌握企业更多的信息。

(6) 产品与营销

变现能力差，未来有发展潜力的企业是新三板市场的主力军，很多投资者在投资时，也是十分看重企业未来的发展前景。而决定企业发展前景最重要的东西就是企业产品，拟挂牌企业要想获得投资者的青睐，就要在上市准备阶段对企业产品进行详细的资料说明，分析产品的生产线，产品在最近一段时间的盈收情况，并分析出产品的未来盈收状况。与此同时也要在申请材料书上，解释产品的各项特征，比如质量、年产能力、产品的生命周期、价格、市场占有率等因素，继而让投资者相信企业产品能够实现企业愿景。另外营销状况也是资料的重要内容，比如营销组织的形态以及营销费用占销售额的比重等等信息。

(7) 研究与开发

研究与开发新创企业登陆新三板市场必须要准备的内容，主要包括：在过去3年里企业完成项目的花费和收益；目前正在进行和计划将要进行项目的研究和开发；主要研究人员的简介；专利和商标情况；研究设施、设备和实验室等概况。

(8) 提供一些法律方面的资料

法律是企业挂牌新三板不可能绕开的一个点，企业按照法律条例完成挂牌计划，能让企业在新三板市场获得法律的保护。企业要提供法律方面的资料包括：公司的章程；合并资产的出售证明；土地使用权或租赁合同；重大融资；债务担保；纳税证明等内容。

企业在挂牌上市时准备好这八项准备材料，能够尽快通过相关部门的审查，在最短时间内获得上市的资格。另外，详细的上市资料，也会让投资者对企业产生信任，愿意成为企业背后的金主。如此一来，企业挂牌新三板市场的愿景也能得以实现。

第 15 章

新三板挂牌上市流程

企业做好登陆新三板的全部准备工作后，就可以选择在新三板市场挂牌上市。毋庸置疑，挂牌新三板不是一蹴而就，必须要经过一定的过程。企业只有做好挂牌的每一步，才有可能取得新三板市场的入场券。另外，企业挂牌成功并不意味着工作的完成，相反企业还需要做信息披露，接受主办券商持续督导的工作。

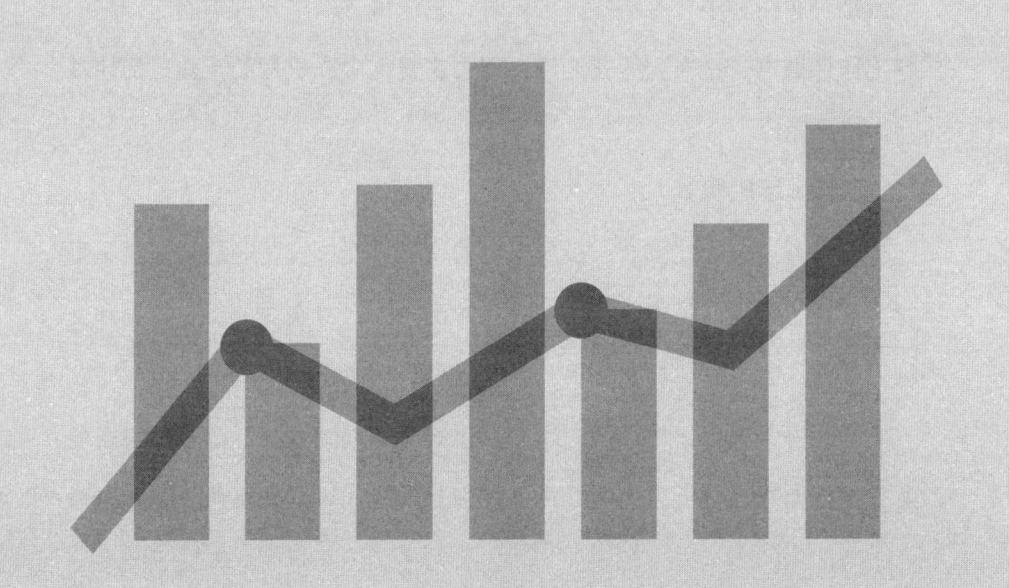

新三板挂牌上市总体流程

现在网上关于企业在新三板上市的"秘籍"很多,但当我们仔细分析这些"秘籍"时发现,它们就是围绕以下五步进行的。

第一步,与中介机构签订协议

企业经营者做好新三板挂牌上市的心理准备和工作准备后,接下来要做的就是确定主办券商、律师事务所、会计事务所和资产评估所,然后和这些中介机构签订推荐挂牌协议,借助中介机构的力量帮助企业完成上市梦想。

但是企业在和中介机构签订协议时,也应该要求中介机构制定详细的挂牌工作计划书,这样企业就能用计划书来督促中介机构的工作,促使其将工作快速完成。

第二步,尽职调查

尽职调查是企业挂牌新三板最重要的一步,能够让企业的真实情况得以完美展现。它指的是中介机构在企业的配合下,对企业的历史数据和文档进行审查,以此提供给投资者、证监会关于企业最客观的信息。

不同的中介机构,尽职调查的内容也有所不同。主办券商主要对企业的业务进行调查,分析公司所处行业及细分的行业风险和机遇,调查企业的商业模式、经营目标和计划。通常主办券商的调查办法是搜集与公司所处行业或者本公司的报道信息，或者与公司高级管理人员进行沟通和交流，翻阅企业的相关决策激励、商业合同等信息。

律师事务所要梳理公司的历史改革、内部控制、治理结构等事项，以此发掘企业有无挂牌新三板的法律资格，能不能保证投资者的正当权益。通常律师事务所要查阅公司工商登记文件、制度文件、商业合同、决策会议记录来获取所需重要信息。

会计事务所要调查企业提供的财务信息是否属实，有没有存在信息作假的可能，同时要对企业进行资产的清查，得出一个更具说服力的数字。会计事务所调查的方式通常是查阅公司的报表、核对凭证。

当中介机构通过各种方法得出相关尽职调查的情况后，企业要召开协调会，和中介机构制定出合理的改制方案。

第三步，进行股份制改造

很多拟挂牌新三板的中小企业多为有限公司，而新三板市场要求企业必须是股份有限公司，因此，股份制改造是企业挂牌新三板的必经之路。中介机构和企业制定股份制改造方案后，接下来要做的第一步就是确定发起人，由发起人签订设立公司的协议，承担相应的责任，然后办理公司工商登记。在企业进行股份制改造时，中介机构也要完成以下工作：起草公司章程，办理验资手续；完成股东大会相应的工作以及确立"三会"议事原则；召开股份公司第一届董事会第一次会议和第一届监事会第一次会议，选举董事长、监事会主席，任命总经理、相关副总经理、董事长秘书等职位。

第四步，制作报备资料并由券商进行审核

企业登陆新三板市场进行报备工作是必不可少的，报备让企业"留有案底"，得到新三板市场和法律的承认。中介机构充当报备资料制作的主力军，会计事务所出具审计报告、资产评估报告；律师事务所出具法律意见书；券商要起草股份公开转让说明书；主办券商起草推荐报告书。中介机构在制定报备资料时，尽可能保证报备资料的完整性，这样挂牌企业在面临证监会审查时也会更轻松。

第五步，股转系统及证监会接受材料

当中介机构制作好报备资料后，就可以将资料递交给股转系统，接受股转系统的审查意见。如果企业的资料详细、满足挂牌要求后，股转系统自然核准企业挂牌，经过20个工作日后企业就能完成上市梦想。如果拟挂牌企业资料存有问题，证监会也会给出相应的整改方案。另外当企业核准在新三板上市，在正式挂牌前，企业也要与中国证券结算有限责任公司签订一定的协议，办理股票集中登记手续，同时挂牌公司的全部股东、监事也要签署一份声明及承诺书，以此保证企业在挂牌后更好地开展工作。

企业认真做好这五步的每一步，就能够让企业挂牌新三板之路走得更顺畅、更快，让企业进入一个更大的资本市场，借助资本力量的企业，定会成长更快。

挂牌后的持续督导

企业按照上市流程步骤登陆新三板市场后，并不意味着企业上市任务的完成，相反寓意企业上市之路才刚刚开始。企业在挂牌后，首先面对的工作就是主办券商的持续督导。

按照现行的规定，主办券商推荐股份公司进入新三板市场，就要和挂牌企业签订持续督导的协议，即主办券商长期承担对挂牌企业相关活动的审查、指导、检查工作。

主办券商的持续督导看似对企业进行严苛的审查，企业要做大量的工作。实际上对企业来讲有两个好处：一个是让挂牌企业尽快适应资本市场。因为在新三板市场挂牌的企业多为资产、实力不济，未接受过资本市场的洗涤，所以企业短时间内很难学会资本市场的游戏法则。主办券商持续督导，能够给企业传授在资本市场生存的技巧，这对企业在资本市场立足大有裨益。另一个好处是券商持续督导能够为挂牌公司优先提供融资、做市、并购重组等资本服务，让挂牌企业获得更大的发展助力。

主办券商对挂牌企业的持续督导集中在五个方面：

（1）指导、督促、规范挂牌企业的信息披露

信息披露是挂牌企业必需的任务，能够让投资者清楚企业正在从事的

工作，给投资者吃上一颗定心丸。但企业在挂牌后若未能意识到信息披露的重要性，这很容易造成企业信息披露延迟的情况。而此时主办券商对挂牌企业进行信息披露的督导工作，能够给挂牌企业一定的压力，迫使其尽快披露企业最近情况，更好地维护投资者利益。另外，主办券商也会对企业信息披露进行一定的指导，这也会让企业信息披露更规范，促使新三板市场良性发展。

（2）指导和督促挂牌企业完善治理机制

企业改制上市后，原有企业治理机制显然不能满足企业当前实际情况，这很可能让企业的治理陷入一片混乱中。主办券商的介入，能够给挂牌企业提供更多企业治理的方法，解决企业治理存在的问题，帮助企业度过挂牌后的黑暗。

（3）对挂牌公司的董事、监事、高级管理人员、信息披露人进行培训

挂牌企业的董事、监事、高级管理人员或者信息披露人在公司挂牌后，不可避免存在对资本市场法则不了解的难题，一旦他们违反规则做一些事情，很容易给企业带来灾难性的伤害。主办券商履行持续督导的义务，对挂牌公司的董事、监事或信息披露人，进行相关的培训，能够让他们快速掌握新三板和市场游戏法则，继而在工作中减少错误的发生，企业自然能够在资本市场存活得更久。

（4）对挂牌存在不规范的行为时，及时向全国股转系统进行报告，并且根据具体的情况，向企业发布风险警示公告

主办券商一方面能够给企业提供帮助，帮助企业玩转资本市场，另一方面也要充当监督企业的角色，一旦企业有不规范行为，比如发布信息不及时、信息作假的情况时，主办券商也会及时向股转系统进行报告，以此

更好地规范挂牌企业行为。

（5）对挂牌企业信息披露和治理情况进行现场检查

企业披露的信息和相关治理情况要接受主办券商的检查和督导，从而保障披露的信息得到投资者的认可，检查企业相关治理工作，真正能够保证企业各项问题得以解决，让企业保持健康的状态。

企业在挂牌后，积极接受主办券商的持续督导，积极进行信息披露，给投资者一个更透明、准确的信息，从而获得更多投资者青睐。另外企业挂牌后，不仅会有主办券商的持续督导，还有投资者、股转系统、员工。对于这些持续督导者，企业唯一要做的工作就是将自己的本职工作做好，做出优秀的产品，提供更好的用户体验，当用户主动传播企业产品好的口碑时，企业资本市场自然会更好。

挂牌后的信息披露

新三板市场作为我国资本市场重要的一环，对挂牌企业信息披露有着严格的要求。一旦企业在信息披露上存有猫腻，不仅负责人会面临相应的罚款处分，企业还可能遭受退市的风险。因此企业在挂牌后，要严格遵守股转系统规定的信息披露规则，给投资者和公众提供真实、有价值的信息，让投资者对企业有更多的了解，愿意为企业提供长期的资金支持，这样企业在挂牌后才能走得更远。

挂牌企业信息披露由三部分组成：定期信息报告、临时信息报告、其他重大事件报告。

定期信息报告即企业定期向投资者、新闻媒体披露企业经营状况、财务状况，继而保护投资者的利益。另外企业在信息披露时，应当经主办券商的同意，不得擅自披露企业重大信息。定期信息报告包括年度报告、半年度报告和季度报告。股转系统严格要求企业发布年度、半年度报告，但对季度报告并没有严格要求。企业在披露年度报告时，应当在每个会计年度结束之日起4个月内编制披露年度报告，披露半年度报告的时间多为每个会计年度上半年结束之日起2个月内。另外年度报告，必须要经过具有证券、期货经验的相关会计所的审计，从而让报告得到公众的承认。

临时信息报告是指挂牌企业按照相关法律依据，在企业发生重大事件时，向投资者、公众披露相关信息。挂牌企业如果发生以下情况都应该披露相关信息报告：一个是企业发生的事件难以保密又或者掩埋事件需要花费更大的资金和精力；一个是企业的事件已经在市场传播开来，在社会上产生了不小的影响；还有事件已经给股票带来巨大的波动，企业股票出现断崖式下降。企业向投资者、公众发布临时信息报告，能够在重大事件发生时，稳住投资者，最大限度减弱事件对企业的影响。

重大事件的信息披露是指企业发生涉及企业生存、重大发展的事件。当发生以下重大事件时企业应该及时进行信息披露：

（1）控制股东或实际控制人出现变更时。

（2）控制股东、实际控制人或者关联方占用企业资金，致使公司的资金链、运营出现重大问题时。

（3）当某一股东所持5%的资金被质押、冻结、拍卖、设定时。

（4）公司的董事、高级管理层以及核心技术人员发生变动，或者董事长、管理层无法履行相关的义务时。

（5）公司减资、合并、分散及申请破产或者被责令停工、破产时。

（6）董事会就并购进行重组、孤立分派、定向发行股票或融资时。

（7）公司变更会计事务所、会计政策、会计估计、主办券商时。

（8）公司的股东相关负责人、董事、监事或者高级管理者受到纪检部门调查，或者被移交到相关机关追究相关刑事责任时。

（9）当法院裁定禁止大股东转让自己的股份时。

企业发生这些重大事件时，及时发布相关报告，能够满足公众和投资者对公司信息的需求，保障投资者的利益。

企业按照股转系统信息披露原则，进行定期、临时、重大事项报告，能够给投资者提供更有价值的信息，让投资者对企业充满信心，继而对企业进行长期投资。与此同时，企业要保证公布的每一条信息必须真实，有事实依据。发布虚假的信息，能够一时获得公众的支持和理解，一旦被发现，对企业的名誉必定是致命的伤害。

另外当每一个挂牌企业都严格执行信息披露时，新三板市场也能变得更规范，会有更多优秀的企业在此挂牌，新三板市场容量也会进一步扩大，影响力得以提升，中国版"纳斯达克"之称实至名归。反之，挂牌企业不遵守相应的信息披露规则，不披露信息或者披露虚假的信息都会让市场变得糟糕，让新三板不再"新"，退化成过去的老三板市场。

第 16 章

停牌和摘牌

和A股市场一样,新三板市场也会对不遵守规则或股价剧烈变动的企业进行停牌和摘牌,以此更好地规范企业的经营活动,促进新三板市场的健康发展。企业要想避免被停牌、摘牌,严格执行股转系统的相关规则即可。

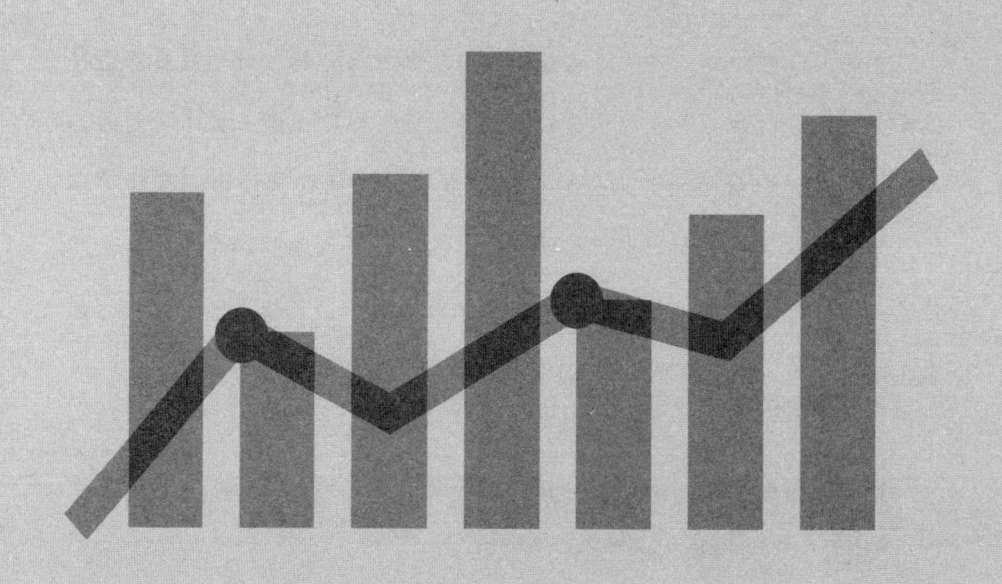

监管停牌

新三板监管停牌是指其挂牌由于某种消息或者进行的某种活动引起股价不正常的上涨或下跌，证监会发现这个情况后，暂停企业在股票市场的交易活动。等到企业相关情况得到澄清，股价不再异常地剧烈波动时，让其再在新三板复牌上市。

通常新三板企业停牌的原因有以下三种：

（1）挂牌企业有重要信息公布，如公司年报、资产重组、收购兼并以及股权变动等

2015年11月19日，婚恋网站百合网登陆新三板市场，计划募集资金接近10亿元，将所融的资金用于盈利模式的探索。但刚上新三板市场的第二天，因为其进行资产重组而停牌，具体复牌的时间并未给出。在停牌期间，它的确做了很多资产重组的项目，最典型的莫过于收购婚恋巨头世纪佳缘。同样因资产重组而被停牌的挂牌企业还有很多，据不完全统计，截至2015年年底，新三板市场有221家公司因资产重组而被停牌。

企业因重要信息而被停牌，看似对投资者是一场伤害，扼杀投资者手

中股票的流动性，加剧投资者投资风险，实则能够给投资者一些意想不到的惊喜。比如在复牌后，企业通过资产重组，实力得以空前提升，这样投资者手中的股票价格也会因此上升，继而投资者也能获得更大的回报。

（2）证监机构认为上市企业有重大事务需要澄清和披露

挂牌企业在资本市场中行为"不检点"，不遵守新三板市场的游戏规则，企业重大事件未能及时披露，管理层存有各种各样的问题等。针对挂牌企业的这些情况，证监会有权利也有义务对上市企业进行停牌，待其澄清完毕后，再让企业复牌。其中最典型的莫过于企业披露虚假的年报信息或拒绝披露年报。

截止到2015年4月底，可来博、日升天信、星通联华、蓝科泰达、鹿得医疗等22家挂牌企业，未能在规定的时间里披露企业2014年年度报告，未能给公众、投资者提供企业有效详细的信息。为了更好地规范市场，维护投资者利益，全国中小企业股权转让系统对这22家企业实行停牌处理，让其进行自我反思，直到企业能够给投资者详细的年报后，这22家挂牌企业才能得到复牌的机会。

证监机构用停牌的方法给挂牌企业以警示，迫使企业主动公布自己的经营信息、财务状况，更好地维护投资者利益，同时也能够让新三板市场企业通过积极提供自己的信息，不断规范自身行为，促使整个市场朝更健康的方向发展。

（3）上市企业涉嫌违规操作需要调查时，证监会也会对其进行停牌

2015年5月8日，证监会对新三板挂牌企业大智慧进行停牌，停牌的原

因是企业涉嫌信息披露违法违规。经查明，大智慧涉嫌违规主要表现在以下几个方面：2013年企业涉嫌提前确认承诺收入达8700多万元；同年，企业以"打新"的名义，涉嫌虚增营业收入2800多万元；2013年利用广告公司框架协议虚增收入93.34万元；延后确认年终奖减少应记成本2400多万元；虚构业务合同虚增2300多万元；子公司涉嫌提前合并天津民泰，影响合并利益总额8200多万元。大智慧的这些违规行为，极大扰乱新三板市场的秩序，侵害投资者的利益，因此企业也"收获"了证监会停牌号令。

企业的违规操作虽能化解企业一时的财务、运营、营销等难题，一旦被证监会、投资者发现，企业在上市之前所做的所有努力、花费，很可能付诸东流。而且企业的品牌形象、名誉必定会直线下跌，企业获取融资的难度也会大大增加，这对于企业的伤害是致命的。如果企业违规操作比较严重，企业相关负责人也会承担法律责任，同时企业复牌的希望极为渺茫。

证监会在企业进行资产重组、有重大的事务进行澄清、违规操作时，对其进行停牌，能够让企业股价处于一种相对理性的状态，最大限度减弱股价波动给投资者带来的伤害。与此同时，监管停牌也能让企业严格遵守相关的法律制度，规范自身行为，极大提升企业的竞争力。这样一来，新三板市场的价值才真正得以实现。

第16章 停牌和摘牌

公司申请停牌

在2015年7月,有接近15家挂牌公司向证监会提出停牌请求,这15家公司不乏有一些明星企业,比如移动营销"大佬"点点客、文化公司沃捷传媒、蓝山科技等。仔细研究后,发现企业申请停牌无非有两个原因。

(1)筹划企业重大事项,最典型莫过于资产重组

2015年7月7日,挂牌企业的点点客,由于要对企业进行重大事项的筹划,在获得股转系统的批准后,发布了一个公告书。公告书的内容如下:"上海点客信息技术股份有限公司(以下简称'点客'或'点点客')正在筹划重大事项,因相关事宜尚存在不确定性,为了维护广大投资者的利益,避免股票价格的异常波动,根据《全国中小企业股份转让系统业务规则(试行)》的相关规定,经公司向全国中小股份转让系统有限责任公司申请,公司股票(证券名称:点点客,证券代码:430117)自2015年7月7日开市前停牌,预计复牌不晚于9月30日。"

因筹划重大事项而申请停牌的企业,正如点点客的公告书所表述的那样,能够更好地维持公司股票价格的稳定,避免投资者因股票价格的巨幅

波动损失惨重。同时当投资者的资产得到稳定时，整个新三板市场的稳定性也能得到保证。值得注意的是，在企业因筹划重大事项申请停牌的时候，一定要发布停牌公告，要明确企业复牌的时间，以此让投资者作好心理准备，吃下一颗定心丸，这样投资者就不会急忙抛出企业的股票。

然而有些挂牌企业就没有做好这些，在企业停牌的时候并没有出具相应的公告信息，以致让投资者手忙脚乱，流言满天飞。还有一些挂牌企业在承诺的复盘时间点，并没有进行复盘，这些导致投资者对企业的信任度直线下降。等到企业复盘后，投资者争相抛售自己手中的股票，企业的股票价格自然会暴跌，市值也是大幅缩水。

（2）避险也是企业申请停牌的重要原因

这15家停牌企业选择在2015年7月申请停牌，一个很重要的原因就是为了躲避7月份的股灾。在这15家申请停牌后，陆续有170多家企业加入停牌大军。停牌能够让企业更快躲过股灾，保住企业的资产。

以点点客为例，公司的股价自2015年4月最高时81元/股一路下跌，到2015年7月8日时，股票价格为23.5元/股。仅仅三个月的时间，股票的价格缩水2/3之多，公司市值蒸发近7成。而通过停牌这一手段，让企业的股价也得以上扬，在复盘当天的股票收盘价为39.57元/股，涨幅高达68.33%。

企业通过停牌度过股灾，避免企业在股灾中损失惨重，实现资本的保值，这个目的可以理解。与此同时企业经营者更应该认识到，虽然企业获得停牌机会，股票价格就不会因当前的市场波动出现资本大幅度缩水，企业市值短时间损失不大，但停牌并不能让企业在资本市场做大做强，相反它只是企业自我逃避的做法。如果企业在每一次股灾或经济危机来临时，申请停牌还是没有时间限制的停牌，这种做法显然不能征服投资者，股价的暴跌也必定是早晚的事。反之，企业在股灾来临时，找到股灾发生的原因和趋势，积极增强应对股灾的能力，这样当下一次股灾来临时，企业做出更好的解决的方案，最大限度地让企业免受股灾带来的伤害。

企业在资产重组、并购、股灾、经济危机时向股转系统申请停牌，能够让企业获得一个相对安全的位置，度过资本市场的寒冬，避免资本出现大幅度缩水。但与此同时挂牌企业更应该意识到，停牌只是一个手段，而不是目的。企业要在停牌后做更多的工作，比如研制出更优秀的产品，打造出更具竞争力的团队，又或者建立好凝聚团队士气的企业文化。当企业有更强大的软硬实力时，相信股价在任何时候都会保持坚挺，企业资产也不会出现大幅度缩水现象。

终止挂牌

终止挂牌就是企业退出新三板市场，不再通过新三板市场获得融资。企业摘牌原因可能是企业的运营出现了问题或者违规，又或者是企业转板成功，获得新的发展根据地。

下面我们就来盘点一些企业终止挂牌的原因。

（1）转板成功

转板成功是新三板企业终止挂牌的主要原因之一，新三板挂牌企业不断耕耘，各项条件达到在主板、创业板的上市标准，继而通过新三板转板通道，成为A股市场的掘金者。近两年是新三板企业转板成功最多，同时也是终止挂牌企业最多的两年。合纵科技、康斯特、双杰电气、安控科技等一大批企业从新三板转到创业板市场。转板成功的企业由于有了新的市场和根据地，自然不再需要新三板市场，因此股转系统自然会将企业从新三板市场除名。

（2）主动申请终止挂牌，并且通过全国股转系统的批准

2014年11月12日，北京极品无限科技发展股份公司（简称极品无限）终止其股票挂牌，成为新三板市场主动摘牌，还原有限公司的首个企业。

极品无限主动终止挂牌的原因是，抓住手机游戏快速发展的机遇，借助有限责任公司形式提高公司决策效率和经营效率。

因为当企业在新三板上市时，企业经营者不再是一人独大，需要充分考虑到股东的权益和感受，所以在处理企业事务上，不可能像过去那般快刀斩乱麻地进行，而要和股东商量，这很可能出现企业考虑时间过长而丧失最佳决策机会的情况。

（3）未在规定的期限披露年报或者半年度报告

信息披露是挂牌企业必须履行的一项义务，能够保证新三板市场的稳定和投资者的利益。有些挂牌企业出于个人利益考虑未能及时披露企业年报或半年度报告，对于这种扰乱新三板市场秩序的企业，股转系统应该及时对其终止挂牌。

2015年6月24日，中视电力、连能环保两家企业相继向投资者、公众发布提示性公告，称若未能在6月30日之前，向全国股转系统提交2014年企业年报，企业则有可能面临着被摘牌的风险。关于两公司未及时披露2014年年报的原因，中视电力解释为公司财务的更迭和审计原因，连能环保则解释为公司审计部门的原因。虽然两家企业称会在极短的时间内披露2014年年报，股转系统仍然将企业进行终止挂牌。

股转系统对企业进行摘牌看似是一种残酷、无情的做法，剥夺了挂牌企业在资本市场获利的机会，让企业在之前挂牌的花费打了水漂，但是这种摘牌能够完善市场优胜劣汰的功能，淘汰掉一些信息披露不及时、制度不健全的企业，这样新三板市场留下的自然是一群优秀、健康的企业，市场投资价值也会得以凸显。

（4）主办券商与挂牌企业解除督导协议，同时在两个月内未能和其他券商签订督办协议

我们都知道主办券商犹如挂牌企业的经纪人，一方面给挂牌企业提供各种各样的服务，比如培训挂牌企业董事、管理层，信息披露，给企业提供股份改制方案，承担挂牌企业推荐工作等等；另一方面又是挂牌企业的督导人，监督、督促挂牌企业及时进行相应的信息披露。可以这样说，没有主办券商的持续督导，挂牌企业很难在资本市场存活，更别提给投资人提供利益。而那些更换主办券商，又未和其他主办券商签订协议的挂牌企业犹如未戴头盔的骑行人，自然要被摘牌。

（5）经清算组和管理人员进行注销的公司

任何企业都要面临衰亡的危险，挂牌企业也是如此。当挂牌企业生产的产品得不到市场的青睐或者用户体验极差时，企业的破产必然是早晚的事。因此，当挂牌企业结束"生命"，挂牌企业清算组和管理人员注销掉公司时，挂牌企业自然而然要被摘牌。

企业出现以上五种情况时，将会面临被摘牌的风险。当然企业被摘牌并不意味着企业丧失发展机会，企业可能转到主板、创业板市场享受更多资本的青睐，又或者像极品无限一样，获得新的发展蓝海。因此，无论主动摘牌还是被动摘牌的企业，企业经营者只要坚持最初创业、上市的初心，企业就能获得一个良性的发展机会。与此同时，新三板市场不断摘掉一些不遵守规则、规矩的上市企业，逐渐淘汰一些企业，也能不断提高新三板市场的竞争力，吸引越来越多有价值的企业进入市场中，市场发展也会不可估量。

Part 5

新三板融资实务

对于企业来说,上市最重要的作用无疑是融资。对于已经在新三板上市的企业来说,融资有哪些收益和风险?资本运作方式有哪些?新三板转板该做哪些工作?本部分内容中均有所解答。

第 17 章

新三板企业融资的收益

企业挂牌新三板最主要的目的就是获得融资,因为融资能够给企业带来显性和隐性两种收益,更好地维持企业正常运转、新产品的研究和开发、扩大企业的市场份额等等。企业知晓融资带来各种利好,这样融资时也会保持更高的热情,更好地完成企业的融资计划。

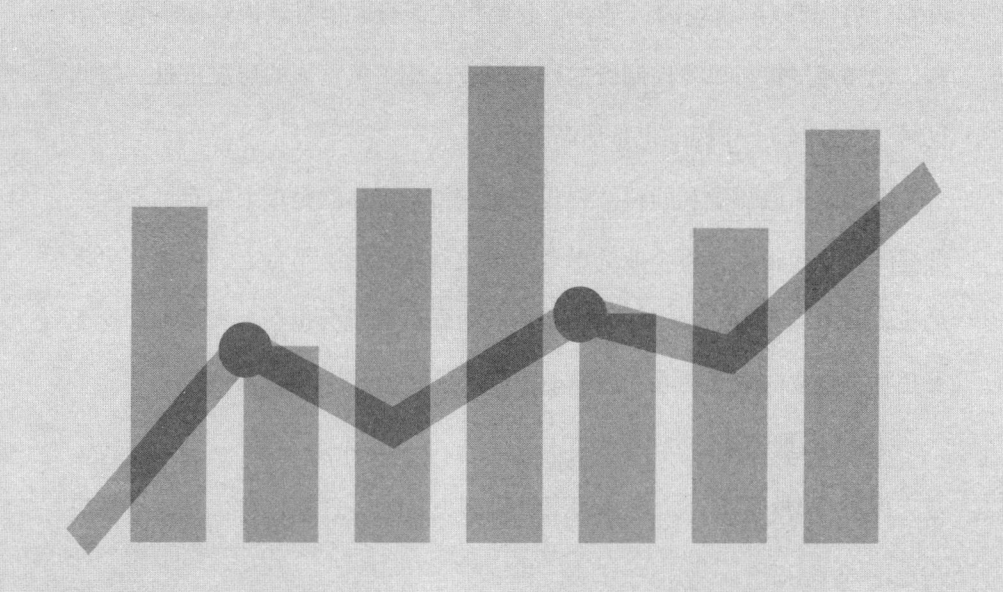

显性收益

企业争先恐后地抢占新三板市场，必然是因为新三板的众多利好因素，否则企业不可能花费巨大的金钱和精力去做登陆新三板的大量工作。那么企业上新三板市场究竟有哪些实在的好处呢？这一节就给你详细解释一番。

（1）拓宽股权融资渠道

目前"大众创业，万众创新"的热潮正席卷着神州大地，创业者已经不再是稀有物种，初创公司也变成一个庞大的族群。创业热潮并没有撕开银行信贷、A股市场的口子，企业要想在银行取得贷款依然面临众多困难，比如经过银行风险控制者的详细调查，相关负责人的层层审批。与此同时，A股市场上市标准也是居高不下。

那些尚未取得盈利的科技公司要想获得融资显然是难上加难，而今企业登陆新三板市场，将企业的融资信息放到股转系统平台上，能够让更多的投资者看到企业的融资需求，企业获得融资的机会也会大大增加。这无疑拓宽了企业的融资渠道，让中小企业度过资金运转的困难时期。

（2）实现市场的公平定价

相对于A股市场，新三板的定价机制更公平、合理，真正充分发挥市场机制。公司的股票价格不是由证监会、企业经营者决定,而是完全由市场、企业自身价值、投资者所决定。如果企业有良好的盈利模式,同时团队实力强、未来的发展预期良好,相应的公司的股票价格也会保持较高位置,反之企业发展不济,团队分崩离析,股票的价格自然处于相对低的位置。

市场根据企业的实际情况,给企业股票一个相对公平的价格,对于企业发展也是大有裨益。因为当企业股票的价格高时,能够让企业员工感受到企业发展的动力,因此保持旺盛的工作热情,企业的运营效率自然能快速提升。反之,公司的股票价格在市场持续低迷时,也会促使经营者进行反思,企业到底哪一块出现问题,是营销还是研发出现问题,然后积极调整策略,进而让股价回到一个合理的水平点上。

(3)提供企业转板通道

A股市场虽然能够让企业获得众多投资机会,但是严苛的上市标准无疑打碎了中小企业的上市梦想。而新三板相对较低的上市门槛,不仅能够满足企业挂牌上市的愿望,还能够为企业提供转板通道,让企业从新三板市场转到主板、创业板市场,进入更大的资本市场。截止到2015年底,超过10家新三板企业转板成功,比如粤传媒、久其软件、世纪瑞尔等企业。

转板成功意味着企业能够发行更多的股票,获得更多的资金。同时转板也能够极大地提高企业在市场的知名度,让企业的产品冠上一个"上市"标志,打破消费者购买产品时的心理壁垒,进一步提高企业的市场份额。值得注意的是,证监会也在积极完善转板的各项机制,为更多有实力的企业提供转板机会,相信随着转板机制的不断完善,新三板企业转板的显性收益也会更高。

（4）享受政府的优惠政策

挂牌企业数量能够衡量一个地区的经济水平，成为一个地区对外宣传、吸引投资者的重要载体。当投资者被告知本地区挂牌企业数量是全省、全国遥遥领先时，自然对本地区的投资环境产生好感，继而选择在此安家落户。政府为获得这种宣传资本，也是积极推出相应的优惠政策。比如北京市科委出台一系列配套的措施，企业改制成功，每家企业可以领取30万元的补助，企业进入股份转让系统，可以获得30万元的资金支持。企业挂牌上市，享受到政府的优惠政策，让企业获得更好的经营环境，继而实现快速发展。

企业登陆新三板市场能够获得融资机会、市场公平定价、企业转板渠道、优惠政策等显性收益，让企业进入发展的快车道，实现企业成立之初的愿景。当然企业经营者也不能因这些显性利益蒙蔽了双眼，只想着套取政府补助、转板的好处，不去打磨自家产品和团队，那么企业上新三板可能是一场失败的冒险之旅，最后只能从新三板市场黯然离场。

隐性收益

企业在新三板挂牌上市不仅能够获得融资、政府优惠措施、股票公平定价等一些显性的收益,更能够获得一些看不见、摸不着但是对企业发展大有裨益的隐性收益。

(1) 助力企业完善治理结构

企业治理结构是一个企业站起来的框架,能够让企业保持正常运转,获得更大的收益。但很多企业在挂牌前治理结构都存在一定的问题,比如公司没有股东大会、理事会、监事会和管理层(俗称"三会一层")或者各部门缺乏相应的独立性,管理层人员的权力过大,又或者部门权责不明。企业在治理机构存有问题,很容易让企业管理陷入混乱,造成企业的失控。

若企业在新三板上市,它必须要满足治理机构完善的要求,否则不能在新三板市场上市。因此企业要设置"三会一层",同时让企业各部门保持相应的独立性,明确员工的职责等工作。当企业治理机构趋于完善时,企业治理水平也会有所提高,员工也能够各司其职,认真做好自己的本职工作,企业运营效率自然能够提高。

另外完善的治理结构,也能明确高层管理者的职责范围,规范管理者的管理行为，这样企业的管理效率也能提升。在面对"野蛮人"竞争对手叩门时，企业完善的治理机构也能够帮助企业躲避一个又一个危机，让企业获得更有利的位置。

（2）构建可持续发展道路

企业挂牌融资的确是一个重要的目的，但是寻找有效的发展道路则是企业挂牌最大的夙愿。企业通过挂牌能够得到更大的资本，受到更多投资人的青睐，关注到更多优秀企业资本运作模式。投资者投了企业，为了获得更大的利润，必然会给企业提供各种利于其发展的资源和方法。企业发展也会插上腾飞的翅膀，获得更多的机会。

另外，企业关注、学习其他企业的资本运作模式，也能够提升自身资本运作的能力。企业在资本市场的竞争力也会随之提升，资本市场掘金的能力也会有所上升。企业运用资本能力提升，发展模式也会改观，企业可持续发展之路自然会走得更远。

（3）帮助企业提升品牌形象

当企业在新三板市场挂牌，不仅让企业品牌在本地引起轩然大波，也能够让企业被全国媒体和投资者看到，品牌知名度也会显著提高。另外，当企业成为新三板的挂牌企业，在进行相应的广告宣传时，也可以用"上市"作为宣传点，以此更容易给消费者留下一个品牌实力雄厚，"不差钱"的印象，相应的更容易打开消费者的购买壁垒，实现产品的销售。

当企业被冠以"上市"称呼，企业为了对得起上市公司这个称呼，自然会规范员工、自身的行为，做一些符合上市称呼的工作，比如积极做一些公益活动，帮助一些孤寡老人，承担相应的社会责任。渐渐消费者、投资者对企业品牌产生更佳的印象。至此，企业品牌也能牢牢占据消费者的心。

（4）鼓舞员工士气

企业登陆新三板市场，成为上市企业无疑会增加员工对企业的信心。员工在工作中拿出更大的热情，企业生产效率、竞争力也会得以提升。另外企业上市后，给予员工一定的股份，能够让员工和企业的利益得以捆绑。这样员工为了获得更大的好处，自然会想尽办法让企业收益，企业的收入也能得以增长。员工和企业在行动上保持高度的一致性，在面对困难和竞争对手时自然会形成更大的合力，短时间将竞争对手打败，抢夺到更有利的位置。

企业登陆新三板市场的这些隐性收益，犹如一股巨大的力量推动着企业不断向前快速发展，让企业获得更大发展机会。但如何发挥股权、治理结构、隐性收益最大化，却是挂牌企业经营者必须要深思考虑的问题。

第 18 章

新三板企业融资的风险

任何事物都有两面性,对于新三板来讲也是如此。虽然它能够给企业带来融资机会、提高企业品牌知名度、凝聚员工,但是企业登陆新三板不得不承受系统性和非系统性两种风险,稍有不慎,企业登陆新三板的价值也会丧失殆尽。

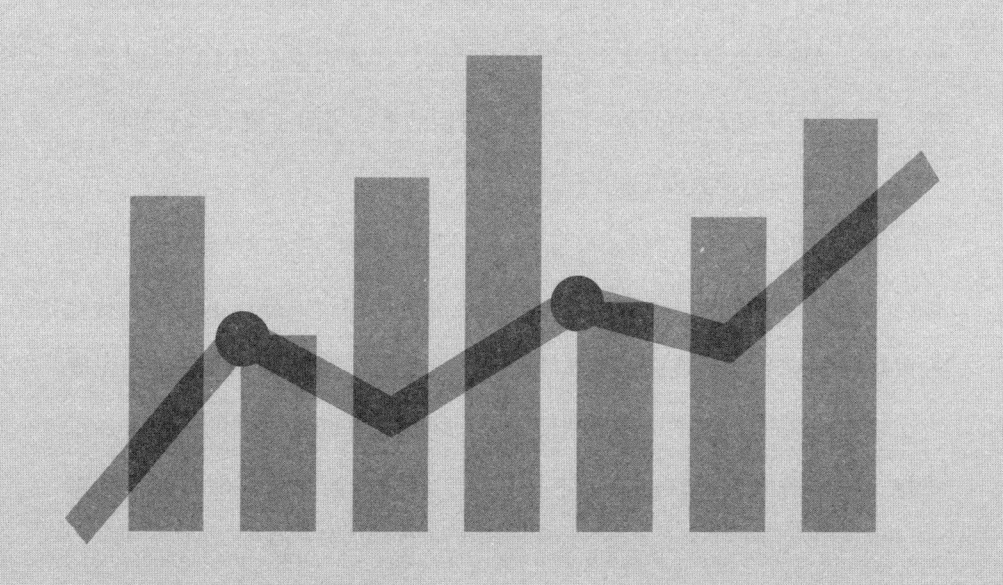

系统性风险

全国股份转让系统副总经理隋强在2015年10月28日金融街论坛《对话股转系统——新三板》演讲中提到:"新三板下一步最重要的工作就是要加强市场监管,避免系统性风险的出现。"隋强的话表明目前新三板市场仍然存在系统性风险,而且这个风险一旦发生,很可能给新三板市场造成巨大的伤害。

新三板系统性风险是指由于全局性的共同因素引起投资收益的变动,换句话说,系统性风险不是一个企业、主办券商、投资机构造成,而是参与主体都处于某一危险时,系统风险就会出现。一旦新三板市场出现系统性风险,对绝大多数的挂牌企业都是不利的,挂牌企业不得不面对股票下跌,投资者损失资产的危险。目前,新三板的系统风险主要有以下四种。

(1)未来可能大面积的退市

截止到2016年1月28日,在新三板挂牌的企业已经突破5600家,同时拟挂牌企业的热情也是持续高涨,多位证券机构负责人都表示,年底新三板市场挂牌企业很可能突破10000家。低门槛的挂牌标准让很多企业完成上市梦想的同时,也让一些盈利模式差、团队合作能力不强的企业进入了市场。但随着中国经济持续的下行压力,行业周期和宏观经济政策的影响，经营模式差的企业必然要面临退市的风险，具体到企业如何退市以及如何保证退市企业投资者的权益，这些都是证监会应该考虑的问题。如果证监会不能充分保证退市投资者的利益，没有为退市企业找到一个安身立命之处，新三板的系统风险很可能出现，那些优质企业自然享受不到新三板市场的好处。

（2）投资项目的增多

银行利率对新三板市场会产生直接的影响，若银行利率提高，投资者也会从新三板市场抽出资金流向银行中，从而导致新三板市场投资金额减少，市场的活力下降可想而知。另外随着P2P网贷逐渐发展，大量闲散的社会资金也会向其集聚，这些都会让新三板市场产生相应的风险。不可否认，未来的投资模式更多样，投资者也会面临更多的选择，一旦有更好的投资标的，投资者很可能从新三板市场撤出，届时新三板市场很可能面临"空巢"风险。为了避免这种风险，就需要股转系统不断地提高市场吸引力，让投资者对市场产生黏性，长期投入。

（3）持续督导的风险

新三板市场仍然处于一种跑马圈地的状态，企业火急火燎挂牌上市，主办券商忙着不断推出新的项目，争挂牌企业的份额。这种情况很容易让主办券商在持续督导上有所缺失，以致很多挂牌企业在信息披露上存在各种各样的问题，伤害投资者利益，让缺少投资者的新三板市场不得不沦落到老三板市场的命运。要想化解这个矛盾，防止发生持续督导的系统性风险，股转系统就应该加大对企业的培训力度，加强企业对信息披露的意识，促使企业信息披露更正确、更规范。同时主办券商也应该加大对挂牌企业持续督导的力度，建设好券商督促团队，从而让企业在信息披露上，更好地维护投资者的权益。

（4）市场流动性的风险

新三板目前最大的病症就是流动性差，交易量相比A股市场就是小巫见大巫，交易金额也只有10亿元左右，这意味着很多挂牌的企业根本没有交易量，不得不晾在新三板市场。如果新三板流动性差一直得不到妥善解决，必然不能激起企业挂牌的热情，而且挂牌企业很可能会为了降低成本，选择退市，最终导致新三板市场瘫痪。另外流动性风险很可能让投资者手中的股票卖不出去，让投资者血本无归。当投资者、企业都不再青睐市场，市场的发展可想而知。

新三板市场这四个系统性风险一旦发生，挂牌企业都会面临融不到资金、发展陷入窘境的局面，进而选择从新三板市场退出，上市之前做的所有努力也不得不打了水漂。另外，减弱系统性风险，需要每一个参与新三板市场的主体，做好自己的本职工作，将自己的工作做到极致，这样市场也能朝向一个良性发展的方向前进，企业也能享受到新三板更多的福利。

非系统性风险

企业在新三板市场不仅要承担上文提到的系统性风险,还要承担一定的非系统性风险。非系统性风险又称非市场风险,它与整个新三板市场的发展情况、国家经济形势、利率并没有直接的关系,通常指的是新三板某些因素的变化造成单个股票价格的下跌。企业融资的非系统风险,主要有以下几个方面。

(1)公司经营中的失误

企业在新三板市场获得融资后,为了增强投资者对企业的信心,经营者必然会想方设法将所融到的资金花出去,以证明企业有融资和快速发展的需求。企业的这种做法无可厚非,但有些企业经营者在使用这笔钱时并没有提前做好合理规划,未能充分发挥资金的价值。甚至有些经营者是为了花钱而花钱。比如盲目进行产品线的扩展,持续"烧钱"补贴用户,大打价格战。这种没有目的、计划的经营活动无疑会造成公司经营的失误,企业非但没有因为融资获得高速发展,反而因融资走入发展的死胡同中。企业要想避免出现这种经营失误,就要在融资前做好融资金额的计划,让每一块钱都用到企业发展的刀刃上,这样企业各项业务得以快速展开,资金效用也能最大限度发挥出来。

（2）企业盈利周期长，得不到资本的青睐

新三板市场有很多这样的企业，盈利周期长，短时间内不能给投资者提供丰厚的收益。这一类企业通常来讲很难得到投资者的融资，甚至在新三板市场长时间无人问津。融不到资金意味着企业白白浪费上市过程中的资金。企业的挂牌费是高昂的，一般来讲，企业主办券商的挂牌费用在80万~90万元，律师事务所和会计事务所花费在30万~50万元，随着挂牌企业数量的增多，挂牌费用也在不断上涨。为了解决企业的非系统性风险，企业在融资招股说明书上，应该尽可能让投资者看到企业未来的盈利希望，感受到企业快速发展的状态。当投资者嗅到企业盈利的气味，自然会对企业进行投资，企业的发展自然进入到快车道上。

（3）企业不再存有秘密

当企业成为挂牌企业后，不得不被投资者"绑架"，需要定期公布企业的相关信息，当企业临时出现各种情况时，也要进行公告。最重要的是企业需要将自己的财务情况公开，一旦公开，企业很难通过调整报表来降低经营业绩的波动，这无疑给企业的管理层很大的压力。

另外，当企业成为公众公司后，一举一动都要暴露在竞争对手、投资者和公众面前，企业也不再有秘密可言。没有秘密的企业一方面能够完善企业治理机构，提升企业的管理效率，另一方面也会造成竞争对手模仿企业做法，蚕食企业核心竞争力的情况。另外企业的不利信息的影响度也会很容易扩大，当各种负面口碑大量出现时，企业品牌自然会受到不小的伤害。企业不再有秘密很容易成为企业的非系统性风险。

（4）企业控制权流失

企业要想成为公众公司，获得相应的融资，不得不用企业的股权作为

交换。很多企业在未挂牌前，控制权高度集中，能够快速决定、执行某一决策。成为公众公司后，不得不面临企业控制权的流失。同时这些股权被拆分，这样造成企业流失的风险加剧。一旦企业的股权流到竞争对手手中，竞争对手用资本的方法，实现对企业的控制，这时企业发展会陷入一个更大的风险中。

企业这些非系统性风险一旦出现，对挂牌企业来讲都有可能是致命的伤害，导致企业丧失上市的价值。但资本市场的洪流推着新三板不断前进，它已经成为时代发展的必然产物，是资本市场的重要组成部分。因此企业不能因为这些风险而拒绝成为资本市场的一分子，相反企业应该更主动接纳这个市场，同时用各种方法全力避免这些非系统性风险，这样企业才能享受到新三板市场更多的收益。

第 19 章

新三板企业的资本运作方式

资本运作是企业在新三板市场存活的重要力量,通常企业的资本运作有定向发行、收购和资产重组、私募债再融资、股份转让、股权激励五种形式。当然每一种形式都有不同的特点和内容,企业经营者要想运用好每一种资本运作的方式,认真、仔细阅读这一章即可。

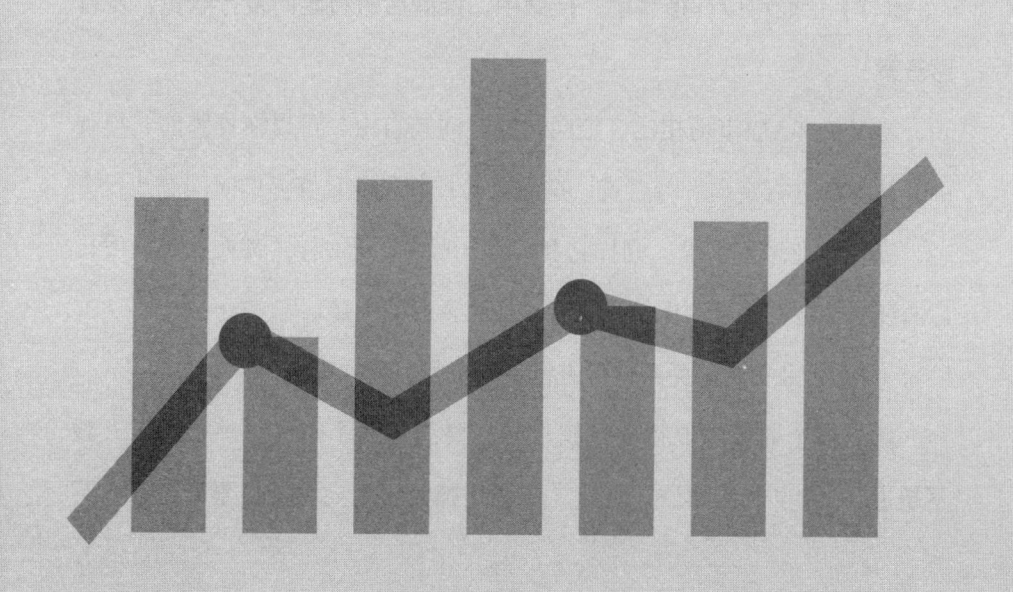

定向发行

定向发行是新三板资本运作最常用的方法之一,俗称定向增发,指的是申请挂牌的企业和已经挂牌的企业向特定对象发行股票。挂牌企业在定向增发股票进行融资时,可以申请一次核准,分期发行,以便更好地进行融资。另外挂牌企业在发行股票时,发行股票的股东数量不能超过200人,同时一年内发行的融资额要低于公司净资产的20%。挂牌企业在定向发行时,也要向证监会报告、备案,从而保证定向发行的合理性。

新三板的定向发行有以下几个特点:

(1)企业可以在挂牌前、挂牌中、挂牌后进行定向发行融资,发行再备案

新三板和A股市场相比,定向融资时间较自由,可以在挂牌前、挂牌中、挂牌后进行定向发行融资,这无疑给挂牌企业足够多的时间寻找投资者,满足企业融资需求。同样它和A股上市的公司一样,都要在定向发行后向证监会备案,继而保护投资者和挂牌企业的利益。

(2)企业符合豁免条件可进行定向发行,无须审核

新三板企业要想取得豁免权,必须要满足两个条件:一是股东人数不超过200人申请挂牌公开转让,二是挂牌公司定向发行后累计持有人不

超过200人。当企业获得豁免条件时，定向发行的速度、金额也能得以提升，虽然新三板市场的融资规模比不上A股市场，但是它的融资频率远远高于A股市场，挂牌企业仍然能够获得更多的融资机会和金额。

（3）新三板定增属于非公开发行，针对特定投资者，不超过35人

新三板和A股市场相比，定增不具有公开发行的特征，属于非公开发行。同时企业在定增时，可以事先找好投资者，然后和投资者签订一定的协议完成企业的定增过程。另外企业在定增时，对定增人数也有一定的限制，不能超过35人。

（4）投资者可以和企业谈判协商定增的价格

投资者在新三板的定增发行上有相应的话语权，投资者实力越大，话语权也会越大，甚至可以左右企业定增的价格。这项制度无疑能够降低投资者购买到较高股票的风险。同时，也能帮助企业尽快完成定增，尽快得到融资。

（5）定增发行的股份不具备锁定期

最新的股转系统规定，不再对新三板市场的定增进行限售。除非定增对象自愿做出相应股份限售的特别约定，否则定向增发的股票没有限售期。不具备锁定期意味着股东可以随时转让，投资者有更大的灵活性。当然没有锁定只针对投资者，而对企业的公司董事、监事、高级管理人员仍然要按照《公司法》进行锁定，以防企业高管恶意做空，扰乱新三板的市场。

拟挂牌企业了解定增特点后，接下来就也应该掌握定增的相关流程。定增详细流程如下：

（1）董事会对定增进行决议，发布相应的定增公告

公告的内容如下：企业定增的目的是什么，发行对象范围及现有股东

的认购安排，发行的价格和定价方法，发行的股份数量，募集资金的用途，本次股票发行前滚存未分配利润的处置方案，本次股票发行限售安排及自愿锁定承诺，公司的除息股权、分红派息及转售成本等。

（2）召开股东大会，进行决议

股东大会的目的就是要求股东对定增公告进行决议，讨论公告的可行性，提出相应的修改方案，从而更好保证定向发行顺利进行。

（3）发行期开始，公告股票发行认购程序

当股东大会同意企业的定向发行，企业进行定增时，应该公告股票发行认购程序。此时的公告需要包括以下内容：普通投资者和认购原则，外部投资者认购程序，认购的时间和资金到账情况。

（4）股票发行完成，公告股票发行情况

挂牌企业作为一个公众公司，完成定向发行必然要对外界公告企业发行情况，比如本次发行股票的数量，发行价格及定价依据，现有股东认购安排，发行对象的情况等等。

（5）定增完成后发布相应的转让公告

当所有的定增流程完成后，企业的经营者应该发布相应转让公告。公告的主要内容如下：本公司完成股票转让登记工作，在全国中小企业股份转让系统挂牌并公开转让。

当然这些只是定向发行粗略的步骤，拟挂牌企业要想真正做好定向发行工作，就需要认真、仔细研究定向发行的每一步，将每一步研究透彻，进而保证企业的定向发行获得更多的融资，真正解决企业资金运转不周的难题。

第⑲章 新三板企业的资本运作方式

收购和资产重组

国民经济的快速增长和产业急剧转型，让收购和资产重组成为企业资本运作最简单常用的手段。新三板企业作为资本市场的重要组成部分，自然也在积极采用这一手段。新三板市场的收购和资产重组标准借鉴了很多A股市场的并购制度，比如在收购人准入制度、控股股东、实际控制人的要求上都和A股市场保持一致的收购标准。同时收购制度也有一定的改进和提升，由于挂牌企业收购的范围广，也让新三板市场监管难度大。因此相对A股市场，新三板的监管制度更灵活、高效、方便。更令人欣喜的是，证监会也在积极推出关于收购和资产重组的利好政策，为新三板企业的并购扫除障碍。

尽管国家给予很多利好政策，挂牌企业也能通过并购迅速做大做强，但挂牌企业更应该意识到并购背后的风险。因为并购是一个复杂的系统过程，不仅仅是简单的资本交易，还涉及相关的法律法规、企业文化、社会背景等因素，稍有不慎，企业的并购就会丧失价值。因此企业经营者在并购时，要时刻将风险放在心间，尽可能去避免各种风险，这样才能更好地完成并购。

新三板企业在并购其他企业时，首先要确定并购的价格。挂牌企业可以参照被收购企业的年报、财报以及所处的行业、企业自身竞争力的情况。全面分析被收购企业的种种情况后，收购价格的确定才会更合理，更有价值。挂牌企业在研究企业财务报表时，一定要仔细分析报表的真实情况，辩查其有无虚假部分，从而避免并购财务有问题的企业。

确定收购的价格后，企业接下来要做的工作就是对被收购企业的团队进行分析，分析团队成员的合作力、凝聚力，得出企业目前的团队力量能否帮助企业实现快速发展，这样也能在心底规划收购企业的工作。分析完被收购的团队成员后，还要对被收购企业目前的资产情况、债务、行业进行分析，得出被收购企业未来的发展趋势，盘算并购的企业能否增强自己的实力，让企业获得实在的好处。

当双方确定价格，订立相关的收购标准后，挂牌企业就可以大刀阔斧地进行相应的收购工作。企业并购完成后，迫切需要得到解决的是并购后企业生产力的问题。因为不同的企业对应不同的企业文化，只有员工认可企业文化，企业的竞争力才会更强。因此企业在并购后，要将企业文化传递到被收购的企业中，让被收购企业的员工认可自己的文化，遵循自己企业文化的相关标准进行工作，相应的，企业的决策才能够更快地推行下去，企业并购的愿景才能得以实现。

挂牌企业完成并购之后，要发布相应的公告，满足企业投资者、公众的知情权。具体披露信息要求企业在完成并购后两天内，编制收购报告书，连同财务顾问的专业意见和律师出具的法律意见一同披露，报经全国股份转让系统，继而让披露的信息更好地满足公众的知情权。

挂牌企业不仅能够并购其他企业，还能被主板实力雄厚的企业看中，继而被收购，让企业找到一个更大的"金主"，拥有更大的发展机会。

比如A股市场的大智慧收购湘财证券,据证实是迄今为止最大收购额的收购,湘财证券也因此获得了更大的资本市场。当然要想被主板市场的"金主"看到,首先要保证企业有强大的核心竞争力,具备竞争对手所没有的能力,这样才能被"金主"收购。

收购和资产重组能够增强企业的实力,让企业获得更大的发展资本,提高企业产品的市场份额。但与此同时,并购也会产生相应的风险,稍有不慎,企业会并购到一些产品没有竞争力、资产混乱的企业,这对企业来讲伤害是不言而喻的。为了避免收购、资产重组给企业带来伤害,挂牌企业在收购时应该尽可能擦亮眼睛,做更多准备工作,确保并购工作万无一失,实现并购效益的最大化。

私募债再融资

2015年12月,全国股转系统副总经理、新闻发言人隋强表示,将丰富新三板市场的融资品种,发展中小微挂牌企业的债券品种,并制定发布"非公开债券业务细则"。私募债再融资的推出拓宽了企业的融资渠道,更好地满足挂牌企业的融资需求。

那么什么是私募债?有什么优势?挂牌企业如何发行私募债?下文就来一一解答你的疑惑。

私募债是指挂牌企业在中国境内以非公开的方式,发行、转让预定在一定期限还本付息的一种债券。它是一种非公开性债券,不需要行政部门进行审核批准。这也决定了私募债的发行范围窄,投资者多为银行和保险公司等金融机构,而个体投资者无缘于企业私募债的投资。

股转系统放开私募债的发行对于挂牌企业有多个利好消息。首先,能够降低企业融资成本,因为私募债发行限制性条件少,挂牌企业不需要经过漫长的审核过程,发行债券的成本得以降低;其次,企业私募债的发行是一种备案制,即挂牌企业若需要融资,在中国证券管理处登记备案,然后借助证券公司就可以发行私募债,这无疑加快企业的融资速度;另外,私募债多为一年以上,以中长期为主,即企业证券被投资者购买后,能够得到一个相对的稳定期，避免企业资金链出现断裂；更重要的，私募债能够更好地满足企业的融资需求，成为企业新的融资渠道，让企业得到更多融资的机会。除此之外，私募债的融资规模没有限制，换句话说，企业能够通过它获得更多的资金，这无疑能够更好地满足企业融资需求，助力企业快速发展。

私募债是企业资本市场重要的融资手段，因此挂牌企业要掌握发行私募债的步骤和方法，进而在资本市场更好地成长。

（1）公司决议

挂牌企业在发行私募债时，首先要进行私募债券的申请。通常由发行人的董事制定发行证券的方案，经股东会和董事对私募债以下内容作出决议。包括私募债发行的总额、票面金额、发行的用途、价格、利率、还本付息的方式、承销机构的安排等。在公司决议阶段，发行人需要重点注意的事项有：发行债券的规模、期限和用途；谁是私募代理人；担保方式是什么；确定偿还保障金的银行。当发行人董事做好这些工作时，更有利于说服公司的其他董事发行证券。

（2）尽职调查

挂牌企业发行债券，不是自己进行销售，而是通过证券公司进行承销。证券公司在帮助企业发行债券时也要进行相应的尽职调查，调查企业有无发行私募债的能力，能不能保证投资者利益，并根据相关发行的标准进行备案。此时企业发行人要做的工作就是给证券公司准备相应的备案资料。比如发行人要向证券公司提供具有执行证券、期货相关业务资格的会计事务所完成的两个完整的审计年度财务报告，准备尽职调查的材料等。辅助好证券公司的工作，才能够让企业尽快发行私募债券。

（3）备案发行

挂牌企业准备好相关的资料，帮助证券企业完成尽职调查后，接下来就要进入备案发行阶段。在备案发行阶段，交易所要对备案材料的完整性进行核对，备案资料完整时，交易所会在接受材料的10个工作日内同意挂牌企业发行债券的要求，然后企业发行人在6个月内即可发行证券，反之资料不完善的，交易所也会退回企业备案发行的请求。私募债券发行后，发行人应该在中国证券登记有限公司办理相关登记，让发行留有证据，更好地保证投资者和企业的利益。

通过这三个步骤能够完成企业的私募债券的发行工作，但私募债券的发行人更应该意识到，债券成功发行并不意味着企业能够获得更多的融资，企业很可能面临着证券仍然无人认购的困境。发行人要想保证企业发行的私募证券被更多人认购，就应该积极寻找债权投资人，做好各种推荐活动，告知投资者发行证券的良好收益情况，以此更好吸引更多投资者，完成企业的融资。

第 ⓲ 章　新三板企业的资本运作方式

股份转让

股份转让是新三板企业资本运作最成功的手段之一，是指公司股东为获取资金和技术依法将自己的股份权益转让给他人，然后由他人取得企业股权的民事法律行为。企业股份转让成功后，企业原有股东的地位以及公司的权利和义务也要转给受让人，换句话说，受让人取代原有股东的位置。

挂牌企业的股份转让不仅能够让企业快速融到所需资金，解决企业资金运转的难题，还能让企业获得投资者最新的科学技术和服务，实现企业高效发展。挂牌企业在股份转让时，首先要制定股份转让的协议，继而通过协议更好地保证企业和投资者的利益。

股份转让协议要包括以下内容：协议转让的股份数以及占上市公司总股份的比例；协议股份每股的价格以及转让总金额；确定股权转让的交割日，进而更好督促投资者及时完成股权转让；股权转让金的支付方式，是一次性支付完毕还是分期付完；出让方的义务，即挂牌企业的股东在出让股份时应该履行哪些义务，需要为受让方提供什么样的服务；受让方的义务，即受让方在接受股权后，应该承担何种义务，协议中义务必须明确化；协议的生效日，即从哪一天开始执行；还有出让方的陈述和保证，即挂牌企业和购买企业的股权的投资者要进行保证，在出让股份或者接受股份后应该承担什么样的责任,继而更好地完成股份转让;双方对上市公司的变动计划,即股权转让后,企业相关经营也会发生一定的变动,为了避免企业的经营陷入死胡同中,企业经营者在进行股权转让时,应该尽可能和投资者商讨企业上市后的事情,继而避免企业的经营陷入困境中;保密条款,即企业的股权转让不可避免涉及企业商业秘密,秘密一旦泄露对企业无疑有致命的伤害,做好保密条款的签订,避免企业各项任务秘密泄露;违约责任,先小人后君子是挂牌企业在股权转让应该坚持的原则,事先签订违约惩罚措施,更好地规范受让双方的行为,保证双方从股权转让中获得收益。

挂牌企业股权出让人制定好股权转让协议后,并不意味着就能完成企业的股权转让,与此同时股权出让者还应该做好新老股东的会议和填写信息内容相关工作。

老股东的会议,主要内容是询问老股东对股权转让的意见,对股权转让协议有什么异议,有什么好的建议和想法。新股东的会议,主要内容包括全体新股东对公司管理人员,包括董事、监事、经理的任免决议,对公司法定代表进行决议以及对公司的一些章程进行审查,从而保证企业股权在新股东手中能够健康发展。通过新老股东会议,能够将股权转让各项内容深入到新老股东心中,让企业更好地完成股份转让协议。

在接下来的股份转让活动中,企业承办人要到工商部门填写相应的信息,保证股份转让具有法律效力。比如在工商登记部门填写空白的企业法人登记书,另外在新的法定责任人一栏中,如果新的法定责任人由大股东委派产生,那么该页除了新股东的签名外,还要有该股东的印章。当然挂牌企业要想做好股权转让还需要做更多的工作,单单一项出让价格的制定就能让挂牌企业搞得身心俱疲，如果仅仅依靠企业个体的力量进行股份转让，股份转让会让投资者面临更大难题。因此企业可以借助证券公司、主办券商的帮忙，继而让企业更科学、快速地完成企业的股权转让工作。

企业通过股份转让能够快速获得融资，让企业有更多的资金进行研发和市场开拓，让企业获得更大的话语权，更重要的是能够让企业在资本市场拥有更大的发展机会。但挂牌企业更应该意识到，股份转让虽好但是它无疑会削弱原有股东的话语权，同时企业很可能成为新股东的傀儡，不能很好地执行原有的发展方案，最终导致企业发展陷入死胡同中。

股权激励

挂牌企业通过股权激励能够更好地发挥人才的潜力，实现对员工的长期激励，更重要的是能让员工和企业处于共生状态，实现企业业绩持续增长。具体到新三板企业的股权激励方式，通常来讲有以下几种。

（1）股票期权

股票期权是指挂牌企业赋予激励对象以低价购买企业股票的权利，激励对象可以在特定的时间内，以事先约定的价格购买公司的股票，当然激励对象也可以放弃这个权利。股票的期权具有不可转让性，即如果激励对象不愿意购买企业的股票，也不得转让给其他员工。员工要想获得股票期权，必须要满足挂牌企业定下的标准，达不到标准，员工自然得不到股票期权。

挂牌企业实行股票期权的激励措施，对企业来讲有以下三个好处：第一，能够将员工的报酬和公司的长期利益捆绑在一起，实现员工和企业利益一致，即当员工想获得最大的收益时，首先尽全力保证企业获得最大收益。这样他在工作时，首先会选择利于企业发展的策略，企业也能得以保持快速增长之势。第二，可以锁定期权人的风险，如果员工购买了挂牌企业的股票，当挂牌企业的股票出现下跌时，员工则可以放弃所购股票。更重要的是，如果员工不购买企业的股票时，对企业来讲没有任何经济的损失。第三，股票期权有利于降低激励成本，相比真金白银，股权激励是一种低成本的激励方法，它是用未来的承诺来留住员工，更重要的是没有现金流出，这无疑会降低企业的运营成本。

股票期权也不可避免会有一定的缺点，因为股票市场存在快速波动和各种不确定性。在持续牛市时，持有股票的员工可以获得更多的收益，但是在熊市时，持有股票的员工将要承担行权后的纳税和跌破发行价的双重风险。另外，目前国内的现行法律对实施期权的股票规定存有不足，不能很好地保证获得期权员工和企业的利益。

（2）"业绩股票"模式

业绩股票模式不同于股票期权，指公司根据员工的业绩水平和能力，将企业股票分给员工作为长期激励，以此更好鼓励员工。通常它有以下几个优点。

①"业绩股票"模式符合国际惯例，操作性强，能够让员工短时间内享受到股权激励。

②企业高管和员工在购买股票后，有一定的锁定期，通常员工购买后在任职期间不能进行转让，这也能对员工产生长期激励的效用。

③高管、员工业绩股票的收益和企业有着千丝万缕的联系，只有企业获益，高管和员工才能有所收益，反之，员工和高管也不得不面临资产受损的风险。这样能让持有股票者为了获利，在工作中保持更大的热情和积极性，促使企业整体的工作效率提高，从而拥有更大的竞争力。

此种模式的缺点就是公司的业绩目标很难得到保证，很可能出现高管为了获得业绩弄虚作假，最终使股权激励策略失效。因此，挂牌企业在使用股权激励时，一定要做好对高管的"控制"，避免丧失业绩股票激励的价值。

（3）"虚拟股票"模式

"虚拟股票"模式即挂牌企业给激励对象一种"虚拟股票"，当然激励对象要想获得"虚拟股票"必须要满足企业的激励条件，比如业务销售量突破多少，团队管理效率提升多少，产品的合格率达到多少等等。当激励对象满足这些条件，挂牌企业就要给予他一定的股票分红收入，实现对他的激励。

相比前两种股权激励方式，"虚拟股票"激励方式不影响公司的总资本和股份结构，不会稀释企业经营者的股权，持有股票的员工不干扰企业各项决策。同时它也能够达到对员工的激励。员工为了获得相应的股息，也会更努力地工作，这对于提升企业的生产效率也会大有裨益。"虚拟股票"模式会让企业承担更大的分红压力，对企业运营是不小的挑战。如果挂牌企业资金流充足，能够承担"虚拟股票"分红，则可以采用"虚拟股票"策略，反之，企业在使用时就要格外慎重。

关于挂牌企业的股权激励方法不止这三种，如何选择一个适合企业发展的股权激励方法？就需要挂牌企业经营者首先要保证选择的股权激励的确是为了广大员工，能够给他们提供各种福利，这样股权激励的效率才能发挥出来，反之股权激励仅仅是让经营者获得收益，那么股权激励的价值也会丧失。其次企业经营者也应该考虑到企业的现金流、股权结构等实际情况，进而保证股权激励能真正实施下去。

第 20 章

新三板企业转板通道的铺设

中小企业登陆新三板除了融资的目的外，还想通过新三板转到创业板、主板，拥抱更大的资本市场。那企业如何成功转板？挂牌企业就要分析目前新三板企业转板现状以及转板的可能路径，然后做好转板相关准备工作，未雨绸缪，实现成功转板。

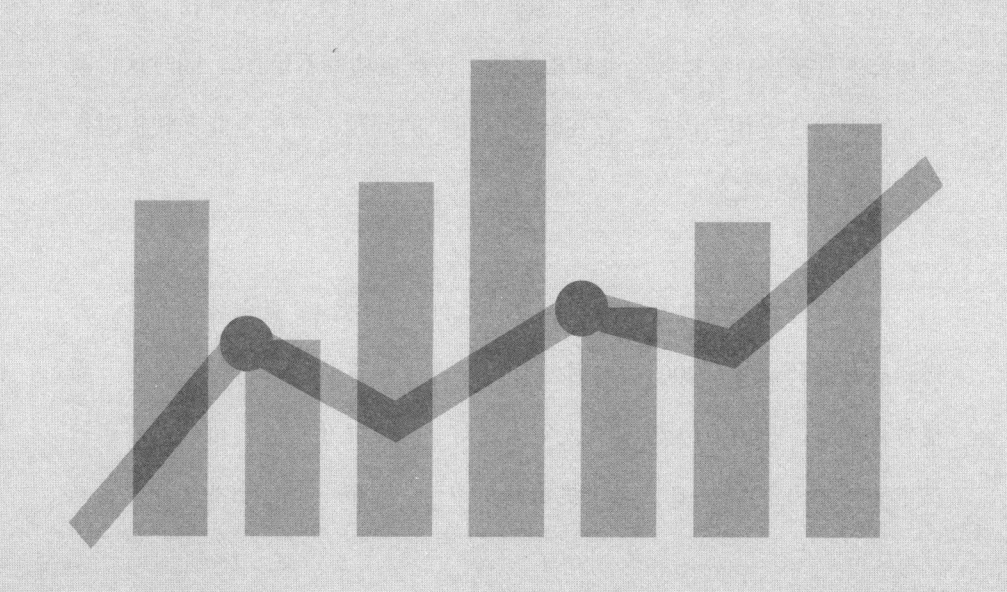

新三板企业的转板现状

2015年11月20日,证监会发布《中国证监会关于进一步推进全国中小企业股份转让系统发展的若干意见》(下文简称《意见》),正式提出研究并推出新三板公司转到创业板试点。《意见》出台关于新三板转板政策,无疑让众多挂牌企业看到转板希望。因为在此之前,虽然监管层多次提出放开企业转板的限制,但真正到执行阶段,转板制度十分严格,没有给企业转板提供强有力的措施,以致不少打算转板的企业碰壁。

截止到2015年底,新三板市场只有粤传媒、久其软件、北陆药业、世纪瑞尔、佳讯飞鸿、紫光华宇、博晖创新、东土科技、安控科技、双杰电气和合纵科技这11家挂牌企业转板成功,转板成功率不足1%。同时这11家企业转板的过程相当周折,存在转板时间长的问题,有的企业在转板时甚至要拖上一两年之久。

博晖创新就是最典型的例子,企业在2009年8月4日提出转板申请,并得到股东会的认可。2009年11月24日,企业暂停报价转让,等候发审,希望转板成功。2010年1月28日,发审未通过,恢复报价转让,继续留在新三板市场。2010年7月29日,再次提出转板申请,时隔一年,企业才得以由新三板转到创业板中，拥抱更大的资本市场。博晖创新在登陆到创业板市场后，股价也是持续高涨，给原先的投资者带来不小的收益，同时企业也获得更多的融资，品牌的知名度也得以提高，员工对企业产生了更强的依附感。

这11家转板成功的企业也在激励着新三板市场挂牌企业想尽一切办法进行转板，但严苛的转板条件，让不少企业打消这个念头。挂牌企业要想转板成功，必须要满足证券交易所的上市标准。我们都知道企业当初选择新三板最大的原因就是不满足主板、创业板的上市标准，或许因为企业商业模式不成熟又或者因为企业相关盈利点不完善，而今企业要想成功转板要满足证券交易所的标准，对挂牌企业来讲自然是个不小的挑战。

满足上市标准，首先要求挂牌企业上市的股本达到5000万元，即使转到创业板，上市的股本要超过3000万元，另外公开发行的股份达公司股份总额的25%。同时挂牌企业要保证最近两年一直保持盈利，最近一年的盈利额要超过500万元，在一些信息披露上面，监管上面，挂牌企业也要和上市企业保持同样的标准。如果企业在之前的信息披露上存在问题，也会因此吃上闭门羹。

那是不是挂牌企业只要满足主板、创业板的上市标准，就能够实现转板成功？显然不是。因为目前中国资本市场对于转板制度的设计仍然存有不足之处，新三板市场的企业逐渐发展，实力和刚进入三板市场时相比，有了质的提升，很多企业都已经满足上主板、创业板的标准。据统计目前符合主板、创业板上市标准的企业大约有300家，但是真正能够转板成功的并未达到300家。显然每一家挂牌企业都想从新三板跳到主板市场，如果这300家都跳到A股市场，A股市场根本不可能短时间内建立相应完善的制度，很容易造成监管失控，这无疑对A股市场形成不小的打击。另外，当优秀的中小企业从新三板市场转移后，新三板市场剩下的自然是"残花败柳"，也不可能更好地吸引投资者，在"马太效应"下，市场的价值逐渐弱化，国家之前花的心血也不得不打水漂。A股市场体制未健全和新三板市场的自身属性，是挂牌企业转板成功率萎靡不振的重要原因。

  要想解决转板成功率低的问题，证监会需要完善、增强A股市场对新三板企业的接纳能力，以至于大量挂牌企业转板时，不会让A股市场出现混乱局面。另外证监会也应该为企业转板提供更多优惠政策，解除对挂牌企业转板不必要的限制，继而让企业快速实现转板成功。

新三板企业转板的可能路径

随着新三板市场影响力的扩大和资本市场制度不断完善，在新三板挂牌的企业实力日益增加，实力雄厚的企业自然要寻求更大的资本市场，这时转板就成为它们的利器。过去企业在进行转板时困难重重，而今企业的转板不再是梦，同时企业转板的途径也不再单一，有了更多的形式。

（1）通过IPO转板

企业最常见的转板途径非IPO莫属，在转板成功的挂牌企业中，通过IPO转板成功的最多，它们分别是东土科技、博晖创新、紫光华宇、佳讯飞鸿、世纪瑞尔、北陆药业、久其软件和安控科技。IPO转板上市即挂牌企业满足上市企业的标准，符合证券公司的要求后，就可以选择从新三板市场跳跃到主板或者创业板市场上。

安控科技是最近通过IPO转板的企业。2014年1月23日，安控科技满足主板上市相关标准后，就在创业板市场挂牌上市，在IPO当天，公司就募集到1.49亿元资金，股价单日涨幅也超过45.25%。股价的飞涨给予长期持有股票的投资者巨大的利好消息，很多原始股民因此实现了"一夜暴富"的梦想。

不过企业若通过IPO转板需要花费更长的时间，有的挂牌企业要等上两三年。甚至有的时间花费了不少，最后仍然要面临转板失败命运。因此企业准备通过IPO完成转板之路时，一定要做好时间上的心理准备和物质上的资金准备，一旦选择转板，企业就不应该半途而废，让之前所有的准备白白打了水漂。

（2）被收购曲线上市

2014年5月20日，新三板市场重磅消息传出，A股上市公司通鼎光电和瑞翼信息达成收购协议，通鼎光电以每股15.7元的价格，收购瑞翼信息51%的资产。根据证监会规定，一旦企业被收购就要面临被停牌的命运，瑞翼信息很快被摘牌。瑞翼信息选择被上市公司收购最主要的原因，是因为其在新三板市场登陆后一直无人问津，挂牌上市4个月后，没有发生一起交易，这使得企业融资梦想破灭。瑞翼信息选择被其他上市公司收购，一方面能够让自己快速获得融资，取得所需资金，另一方面也能够完成企业的上市梦想。

事实上不包括瑞翼信息在内，2014年发生了数起新三板挂牌企业被上市公司收购的故事。比如新冠亿碳就将两家全资公司以9660万元的价格转让给上市公司东江环保，企业被收购后，溢价率也高达260%，企业因此获得丰厚的回报。新冠亿碳将公司贩卖给上市公司，不仅为公司找到金主，同时也能让企业借道上市。

挂牌企业通过被上市公司收购能够完成曲线上市，在资本市场获得更大的机会。但经营者更应该意识到企业被收购后也会面临更大风险，因为被收购的企业的经营、管理权，自然而然沦落到上市公司手中，这时上市公司经营者很可能采用新的经营策略，一旦经营策略水土不服，企业管理自然会陷入死胡同中。

（3）直接"对接"创业板

直接"对接"创业板这条路径，虽然没有企业通过这种方法成功转板，但是却一直被市场寄予厚望。2008年港交所对这一转板制度进行相应的改革，在所有的改革中最突出的一点就是简化企业从创业板转板的程序和途径，满足企业的转板需求。

2014年，中国首家上市B2B资讯公司慧聪网发布公告，企业正在从创业板市场转向主板市场。此消息一出，慧聪网的股价一路飙涨，涨幅高达70%。慧聪网的成功转板也在启示着证监会，是否可以像港交所一样，削减转板的程序，让挂牌企业成功转到创业板或者主板市场上，以此增加企业股份的流通速度，让企业获得更多融资金额。

拟转板企业在转板时，究竟选择前两种何种转板方案，就需要企业分析好自身的情况，分析自己能够转板的资金和时间，然后得出实际情况，分析自己有无能力进行IPO转板或者能不能找到"金主"收购自己，然后再选择用何种方案完成转板过程。至于第三种方案，挂牌企业要想走得通，就需要督促监管部门对转板各项制度进行审查，让监管部门剔除一些无用、烦琐的程序，真正让企业尽快享受到这一福利。

新三板企业如何未雨绸缪，做好转板规划？

转战创业板市场、拥抱更大的资本市场是很多新三板挂牌企业的梦想，但如果挂牌企业知道转板的原因、未能做好转板的规划，很可能让企业转板之路走得一波三折，即使到最后企业转板成功，可能对企业作用寥寥，这无疑白白浪费挂牌企业宝贵的资金和时间。

不少挂牌企业经营者在看到成功转板的企业获得大量融资金额后就开始"眼红"，认为自家企业实力比它强，挂牌后能够获得更多融资和机会，能够帮助企业获得丰厚的回报，于是就将转板作为企业目标，想方设法让企业获得转板机会。挂牌企业经营者狭隘的思想令人痛心，因为企业转板不是一场竞赛，而是一种挂牌企业的发展之需。即企业快速发展，新三板市场已经满足不了企业融资的需求，或者是因为企业急需转型，迫切需要更大的发展机会，是这两种需求促使企业进行转板。

反之挂牌企业因看到别的企业转板而进行转板，这种做法显然是未能搞清楚转板的真正目的和价值，极易让企业进入疯狂竞争的"怪圈"，最后让企业心力交瘁，丧失发展动力。为了避免出现这些情况，挂牌企业经营者应该对企业自身实际情况进行分析，分析当前企业的融资情况，比如在新三板的融资速度、融资规模以及企业股权结构等内容，当挂牌企业经营者对企业所有的重要内容分析完毕后，才能够得出企业是否有必要登陆创业板。

如果目前新三板市场能够满足企业的发展需求，给企业提供各种快速发展的机会，这时企业需要耐下心来，苦练内功，打磨出产品而并不需要资本的介入，这时挂牌企业自然没有必要转到主板或创业板市场，不用做各种转板的活动，加重企业的运营成本。反之，如果企业当前迫切需要一个更大的市场、更多的机会，那此时企业需要转到主板或者创业板市场，掘到更多的资金。

企业确定转板工作后，接下来要做的就是转板的规划工作。俗语讲："凡事预则立，不立则废。"做好转板的规划工作，能够让转板有章可循，避免企业在转板时失控。

企业转板规划工作的第一项就是选择采用何种转板路径。目前，企业转板路径有两种，一种是IPO转板，另外一种是被收购曲线上市的策略。至于选择何种策略，自然和企业自身的情况有着莫大的关系。若企业实力雄厚，能够满足证券交易所上市标准，同时有时间等待证监会批准企业完成转板，这时企业可以选择IPO转板；若挂牌企业实力不济，没有时间等待审核时间，同时急需进入一个更大的市场，此时企业可以选择被收购曲线上市的策略。

确定转板路径后挂牌企业接下来就是时间规划，即在哪个时间点上完成转板的什么工作。制定转板时间规划能够让企业转板的工作人员有一种紧迫感，迫使他们尽快完成手头上的工作，企业完成转板的速度也会大大提升。

另外企业转板工作仅凭挂牌企业个体的力量显然难以完成，因此企业还需要中介机构的帮忙，比如具有会计、证券资质的会计事务所的帮助，让其核实企业资产的情况，给创业板市场投资者更真实的企业财务状况。与此同时，也应该聘请律师事务所，扫除企业在转板时的一些法律问题，让企业在转板后不受到法律的困扰。

  新三板挂牌企业全面分析自身情况，确定企业有无转板的需求。若企业需要转板，进行详细的转板规划工作，能够让企业转板在特定的轨道行驶，在更短的时间里完成企业的转板工作。

Part 6

新三板市场运作实务

任何新事物的诞生,都必须经历一段成长期。新三板市场运作中存在哪些问题,该如何进行改革和创新?本部分对这些问题进行了一些指导性的思考。

第 21 章

新三板市场现状分析

新三板作为我国资本市场的重要组成部分,从过去企业、投资者的不屑到如今企业、投资者纷纷涌入这个市场,这种变化无疑令人欣喜。但不可否认的是目前新三板仍然存在流通性差、成交量不高两大问题,一旦这两个问题得以解决,必然能够彻底引爆新三板的发展潜力。

流通和成交现状

新三板市场流通性不高的缺点一直被人诟病，虽然目前挂牌企业的数量有5000家，但是"僵尸股"的数量就超过一半，高达2500家之多。很多企业满心欢喜登陆到新三板市场上，但是不得不接受无人问津的困局。不仅融资的梦想破灭，而且之前用于挂牌上市的费用不得不打了水漂。

在新三板市场挂牌的虎嗅科技，在2015年12月1日挂牌，半个月后竟然没有一个投资者购买该企业的股票，目前在报价系统的成交量依旧是零。这无疑让虎嗅的股东伤心不已。不仅是虎嗅还有很多挂牌企业多日不见一个投资机构，即使有了投资机构购买，购买的股票的数量也是令人寒心。

新三板市场的流通性和A股市场相比，显然是小巫见大巫。换手率是衡量资本市场流通性的重要标准。新三板市场换手率为0.47%，而A股市场的换手率高达4.7%。如此低换手率只会让投资者望而却步，因为一旦购买企业的股票，很可能成为"接盘侠"，购买的股票无人问津，资金不能有效运作，收益率也可想而知。

新三板的企业和A股市场相比流通性差最主要的原因就是市场有大量的限售股。限售股的存在主要有两个原因：新三板的市场规则决定，目前新三板市场对于挂牌企业发行者和持有者有着严苛的限制，若挂牌公司控制股东想转让公司的股票要分三个批次进行,每批次转让的股票份额不得超过挂牌前股票份额的三分之一,另外转让的解除时间为2年,换句话说,经营者要转让完股票,必须在两年之后完成。

证监会对股票流通份额和时间的限制无疑降低挂牌企业大股东的转让效率,同时也会减少新三板市场流动的股票的份额,新三板市场的流通性自然减弱。另外,根据现行的《公司法》第一百四十一条规定,发起人持有的公司股票,股改不满一年不准转让股份。目前在新三板上市的多家公司多在2015年挂牌,股改的时间不超过1年,这也造成很多挂牌企业的股票不能转让。

相信随着新三板市场对限售股票企业逐渐放开,新三板市场的僵尸股的比例也会下降,这样新三板市场的流通性自然能够提高。但是这也需要投资者和企业有足够的耐心去等待。

新三板市场不仅存在流通性差的问题,还存在市场成交量不足的难点。虽然在新三板挂牌的企业高达5000家,远远超过在A股市场上市的企业数量。但是新三板市场的成交量和成交金额和A股市场显然无法相提并论。就拿2016年2月3日的交易情况来讲,新三板市场的交易量为8243.92万股,成交金额为46246.26万元,而A股市场成交金额就超过700亿元,成交量也是远远将新三板市场甩在身后。

目前新三板市场成交量不足的主要原因就在于合格的投资者少,没有人愿意到新三板市场进行投资。这主要是因为市场热度不高,机制不健全,不能为投资者提供更好的服务和安全保证,投资者害怕投资后造成资金的损失,"粥多僧少"的局面显然让企业的成交量一直维持在低迷状态。

新三板市场流通和成交的现状极大地制约市场的高速发展，不能吸引更多的投资者进来，导致新三板市场潜力不能有效地发挥出来。更重要的是，这种流通和成交现状很容易让市场发生系统性风险。当国家利率有所更改，或者新的理财方式出现时，投资者投入到新三板市场的资金也会相应的减少，在"马太效应"下，渐渐的投资者在新三板市场的投资将会更少，自然新三板的流通量和成交量情况变得更恶劣，新三板市场的系统性风险也就一触即发。

第 21 章 新三板市场现状分析

新三板市场不活跃的原因分析

俗语讲："有果必有因。"新三板市场活跃度不高同样也有一定的原因。

（1）做市转让程度不高

过去在新三板上市的企业多采用协议转让，即企业经营者线下和投资者敲定企业股票价格和数量，然后再通过股份转让系统完成交易。此种交易方式和A股市场做市交易相比具有明显的信息不对称性，不利于更多的投资者和企业达成交易。为了解决这个问题，证监会在新三板市场推出"做市协议"制度，即挂牌企业将股票价格发布在股转系统上，投资者通过股转系统就可以购买企业的股票。但证监会的好意并没有得到众多挂牌企业的认同，目前采取做市协议转让的企业只占挂牌企业的五分之一，不过1000多家。绝大多数企业仍然采用协议转让，这也导致投资者需要花更多的时间和心血进行投资，无疑会降低投资者的投资兴趣，致使新三板市场不能吸引到更多的投资者。

（2）新三板的投资门槛高

相比A股市场的全民参与，新三板的投资门槛无疑将众多散户投资者拒之场外。证监会对新三板个体投资者有两个要求：第一个是个体投资者需要具备两年以上期货、证券的经验；第二个是投资门槛为500万元。A股市场能够保持较高的市场活跃度，这和众多散户的参与相关。因为散户和机构比起来他们更感性，当市场发生一点风吹草动，他们很可能将手中的股票抛掉或者慌忙购买一些上市企业的股票，这无疑提升市场的活跃度。而新三板的投资者中投资机构占主体，个体投资者很少，投资机构的理性也让市场的交易活跃度持续下降。

（3）新三板企业股权高度集中

新三板市场的企业很多时候一人独大，即经营者掌握公司绝大部分股权。据调查统计，在抽查的600多家挂牌企业中，企业平均股东数量为22个，有的甚至只有2个。企业股权过分集中有两个原因：一个是企业在上市之前没有进行IPO融资，没有将股权集中的问题解决，以至于企业股权一直是高度集中；另一方面是由于很多公司是改制后直接挂牌，而根据《公司法》，股票发起人在改制后不得转让企业的股票，因此很多公司挂牌后并没有进行股份转让，市场的活跃度自然会降低。

（4）高风险让不少追求稳健的投资者望而却步

新三板市场和A股市场相比，没有涨跌幅的限制，投资者不仅能够享受"一夜暴富"的快感，也能体验倾家荡产的悲痛。高收益固然能够吸引很多冒险者进来，但是高风险会让那些追求稳健的投资者望而却步。要记住，很多人在投资时都是战战兢兢的，所以这种高风险的投资方式，显然不能得到投资人青睐。

做市化不高、投资门槛高、风险性高、股权高度集中这些因素无疑将投资者拒之场外，造成市场投资者大量减少，活跃度不够。低活跃度的市场自然不能吸引到更多企业在此挂牌上市，市场发展也会陷入不利中。

因此，为了搞活新三板市场的活跃度，证监会也在不断给做市制度提供更多的利好政策，让挂牌企业享受到更多做市转让的好处，由此企业才会积极执行做市制度。当投资者享受到做市制度的好处后，才会积极参与投资，这样新三板市场的活跃度也能得以提高。其次证监会也在积极筹划新三板的分层制度，即将市场盈利能力强、优质的企业划为创新层，一些风险性大的挂牌企业划为普通层。分层制度一旦确立，新三板市场的风险性降低，投资门槛也会进一步降低，大量普通投资者也能够参与到投资中，享受到新三板市场带来的福利。

但值得注意的是，证监会在进行调整提高新三板的市场活跃度时，不能操之过急，一定要将各项规章制度订立完善后，再对普通投资者放开，避免因风险未控制好而让普通投资者血本无归。

第 22 章

新三板现行制度的改革方向

新三板成交量不足、交易量不高的问题早已被证监会注意到,证监会也在积极对其进行改革,准备从投资者准入制度的建立、信息披露和监管力度、退市、交易方式和市场分层等方向上进行改革,继而引爆新三板市场的潜力。

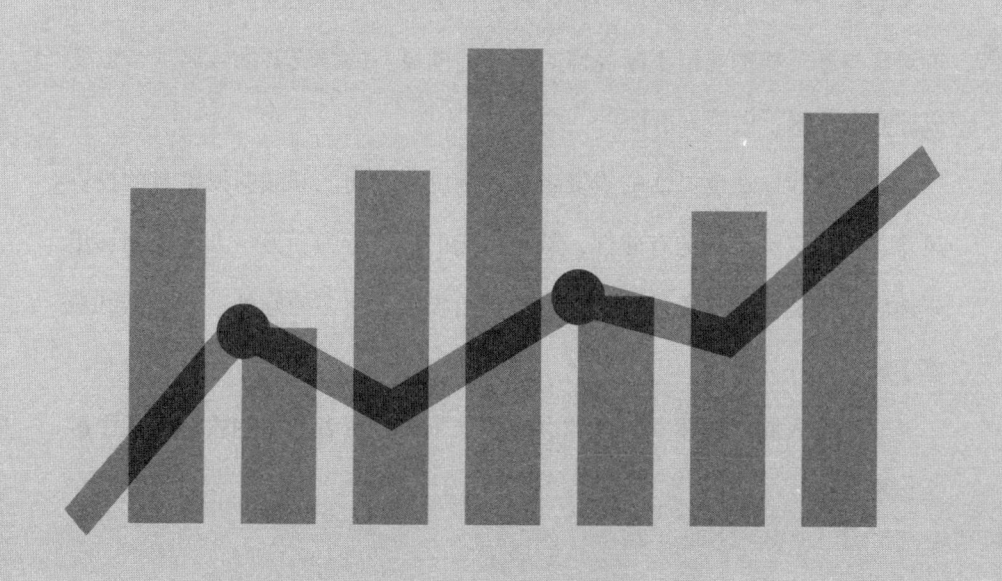

建立适度灵活的投资者准入制度

扩容前的新三板市场虽然在融资能力上有所不足，但是它起码是个"示范板"，大部分为具有良好资质，符合转板、上市条件的企业，因此"老三板"市场风险相比新三板较小。而扩容后的三板市场，准入门槛大大降低，一些盈利能力差、经营风险高甚至濒临破产的企业进入市场中，这无疑增加投资者的投资风险。因此，为了保护投资者的利益，新三板市场扩容后，证监会提高投资门槛，只允许一些具有专业投资经验的投资人和投资机构进入。

随着新三板市场制度的不断完善，风险得到有效控制，同时个体投资者对参与新三板的热情不断高涨。建立适度灵活的投资者准入制度，也变成证监会不得不做的大事情。

证监会建立适度灵活的投资者准入制度一方面能够减弱投资者的投资风险，增强资本市场的有效性，减少市场的投机行为；另一方面也能够更好地满足投资者的投资需求，让新三板给投资者更多的好处，真正做到藏富于民。

对于准入制度的建立，证监会应该从个体投资者和机构投资者两个准入标准入手。

(1) 对于普通投资者的准入标准

目前新三板市场对于普通投资者有着严苛的准入制度。首先，新三板市场不同于A股市场，它限制普通投资人进入新三板市场，对于一些没有相关证券、股票操作经验和500万元资金储备的个体投资者，新三板市场不予接纳。同时为了限制个体投资者频繁交易，新三板市场保留每笔交易至少30000股的规定。

新三板市场的这些制度较为有效，但从目前来看已经有了一些弊端。因为当前新三板市场逐渐成熟，对于风险的控制强化不少，同时为了搞活新三板市场的活力和流动性，也应该尽可能让普通投资者参与其中。

如何让一些普通投资者参与其中？证监会可以借助大数据技术，掌握投资者之前在A股市场的风险承受力度以及个人的可支配财产的额度，当投资者有较高风险能力，同时有一定的财产支配权，这时就可以允许其进入新三板市场中。反之发现投资者股票操作能力差，风险承担能力较弱，就应该坚决拒绝其入场。

(2) 机构投资者的准入标准

机构投资者一直是新三板的主体部分，是市场发展的重要力量。但新三板市场对机构投资者的限制性条件并不多，这也使得法人、信托等合伙企业能够进入新三板投资。甚至一些自然人另辟蹊径，通过注册机构而进入新三板市场中。自然人若没有相关证券操作经验很容易让投资走进误区。另外资质不成熟的投资机构进入市场中，也很容易滋生机构内幕交易的投机行为，扰乱新三板的正常市场秩序。

为了更好地规范新三板市场秩序，证监会也应该对机构投资者设置相应的准入门槛标准。对于机构准入门槛的设定，证监会不妨参考美国场外市场对机构投资者设置的标准。

　　场外机构投资者要想进入市场投资首先要满足以下三个条件中的任何一项：一个是银行、储蓄和借款社团、保险公司以及注册的投资公司；第二个是根据美国证监会标准设置的投资机构和标准；第三个是总资产在5000万美元的自然人、公司、合伙人和信托等；更重要的是企业机构投资者还要具备风险控制、评估和判断的能力，防止机构在风险来临时被"侵蚀"掉。

　　证监会参照美国场外机构准入标准，充分考虑到投资者风险控制能力，对一些风险控制能力差的机构发放红牌，不让其进场。对一些风险控制能力强的机构，积极欢迎其入场。这样整个新三板市场也会变得更规范。
　　监管部门建立灵活的个体投资者准入制度，既能满足投资者的投资需求，又能为个体投资者控制风险，让投资者充分享受到新三板市场的福利。同时借助美国场外市场对投资机构的审查制度，能够减少新三板市场的投机行为，实现新三板市场健康良性的发展。

第22章 新三板现行制度的改革方向

加强信息披露和监管力度

2015年3月23日至27日,全国股转系统显示这几日有40笔交易存有问题,所涉及的股票有8只,分别是同辉佳视、中科软、华恒生物、冰洋科技、新网程、联宇技术、昌农信贷和富机达能。这40笔交易多次偏离市场行情走势,严重干扰新三板市场正常运作。

当股转系统进行调查时发现,40笔交易竟然是冼锦军一人所为,他一个人控制4个账户。他利用这4个账户之间进行自我交易,让股票价格一路高涨,最终将股票高价卖给其他投资者,他也因此非法获利达24.6万元之多。因这4个账户均托管于中信证券中山市中山四路营业部,网友也将其称为"中山帮"。

和"中山帮"事件一样"出名"的还有任良成案子。任良成为了完成买入股票在二级市场顺利出货,先后控制20多个账户不断抬高8只股票的价格,股票价格异常波动,也让他非法获利1000多万元。证监会发现这两件案子后,立即采取措施,将他们非法所得的财产全部充公,并处以等额罚款。

"中山帮"、任良成事件的出现暴露了我国新三板市场存在监管不周,漏洞依然存在的问题。因此证监会应该加大监管力度,继而避免此类事件再次发生,更好地保护投资者的利益,真正让市场保持快速发展之势。

证监会加强监管力度不仅要对违法犯罪的嫌疑人从重处罚,让他们认识到这类违法犯罪的弊端,给社会其他人一个警示,还要对参与到新三板市场的主体进行监督,通过对它们监管,让它们在进行工作时形成一定的压力,继而做好自己的本职工作,这样从源头杜绝此类违法活动。

证监会在进行监管时,首先要将证券公司作为监管的主体。因为证券公司是个人和机构投资者关系最近的主体,能够敏锐感受到机构和个体的不正常行为,所以证监会做好对证券公司的监管,自然能够更好地消除掉这类问题。

损害新三板市场秩序的不仅有心怀不轨的投资者,还有新三板市场的中小企业。通常挂牌企业最容易在信息披露上存有问题。比如挂牌企业不按时披露信息,每一次信息披露必须要证监会进行督促,甚至逾期进行信息披露,以至于投资者不能知晓企业最真实的情况,增加投资者投资风险。还有企业在信息披露时为了得到投资人继续投资的机会或者为了给竞争对手压力,伪造披露的信息,欺骗投资者和公众。对于挂牌企业在信息披露上存在的问题,证监会可以从两个方面着手解决:一个是对信息披露存在问题的企业进行处罚,同时要加大处罚力度,让挂牌企业的经营者尝到披露虚假信息的苦头。除了物质处罚外,证监会还可以动用精神处罚,即借助新闻媒体力量,将挂牌经营者信息披露存有的问题扩散化,让公众、投资者清楚企业的信息披露的问题,让企业体会到信息披露不实给企业带来的不良影响,这样迫使其主动披露信息;另一方面,证监会应该用一些方法,让挂牌企业感受到及时和真实信息披露的好处。比如企业认真做好信息披露后，证监会给予企业一定的奖励。当然不一定是物质上的奖励，证监会可以自建一个及时信息披露光荣榜，并且鼓励投资者从榜中挑选投资主体，一旦这个光荣榜真正成为投资选择指导榜时，企业为了上榜得到投资者关注，自然会积极、及时披露企业最真实的信息，这样证监会的目的达到了，另外这对激励挂牌企业信息披露的效用也更大。

证监会加强挂牌企业的信息披露，为投资者提供更有价值的企业，能够更好维护投资者的利益，同时督促挂牌企业不断规范自我，做一个信息披露合理、健康的企业。证监会依靠证券公司加强对投资者的监管，避免不法投资者从市场中牟取暴利，也能促使整个市场朝更健康的方向发展。

完善退市制度

新三板的低门槛吸引越来越多的企业在此挂牌，挂牌企业的数量由2015年初的1000多家，到2015年底成功突破5000家，更重要的是企业挂牌数量一直保持高速增长，在2016年新三板挂牌企业的数量很可能突破10000家。新三板低挂牌标准，必须要配合严格的退市制度，否则新三板市场将会出现越来越多经营差、效益低的企业，在劣币驱逐良币的影响下，最终新三板很可能"堕落"成过去的"老三板"。

目前新三板的退市标准仍然沿用主板市场的退市规定，众所周知，我国的主板市场企业退市标准相对于纽交所、港交所而言较为松弛。很多垃圾企业，能够很长时间在主板市场停留，新三板市场若采取主板退市标准，无疑不能有效地清理掉垃圾企业。

提起场外市场交易老大，很多人不由自主想到美国纳斯达克市场，它和新三板性质相似，都是中小企业成长的孵化器，帮助众多科技公司迅速崛起，比如苹果、谷歌、百度等公司。纳斯达克得以快速成长最主要的原因就在于其严苛的退市制度。1995年到1999年，在5000家纳斯达克上市企业中有1197家被摘牌，有一段时间，纳斯达克的退市速度比上市速度还快,退市的企业比例高达30%之多。

严苛的退市机制为纳斯达克市场清理掉大量的垃圾企业,这样整个纳斯达克市场股票质量得以提升,投资者对纳斯达克充满信心,自然市场也有源源不断的资金注入,市场一直保持着旺盛的活力。

新三板市场作为中国版的"纳斯达克",要想真正拥有纳斯达克的体量,也可以借鉴纳斯达克关于企业退市的经验。

纳斯达克的退市制度有两个重要标准:一个是公司的有形资产必须要在400万美元以上,有75万流通股,有500万美元流通市值,股价不得低于1美元,有400户股东和两个做市商;另一个是上市企业市值超过5000万美元,流通股要超过110万股,流通股的市值要超过1500万美元,股价不能低于5美元。实际上纳斯达克被摘牌最重要的原因就是股价持续低迷,处于警戒线以下,所以企业不得不被摘牌。

新三板市场自然也可以借鉴纳斯达克,以股价来对企业进行摘牌,用股价来决定企业是否存活是一种完全市场的做法。如果挂牌企业得不到市场的承认,自然不会有投资者对其进行投资,反之,企业对社会的价值越大,企业的股价自然也会保持坚挺状态。以股价来决定企业是否退市,能够淘汰掉新三板的一些落后企业,留下对社会效用高的企业,真正实现优胜劣汰,实现新三板成立的愿景。

证监会如果采用纳斯达克以股价作为企业退市标准的方法,还应该做好企业退市的善后工作。因为当价值不高的企业退市后,它是就此消失还是送它到另外一个市场是个问题,没有新的根据地企业不得不破产,不利于发挥企业尚存的价值。另外企业退市也不得不处理原有股东的利益,如果不能做好企业摘牌后对原有股东的利益的处理，很可能引发出一系列的社会问题，不利于社会的稳定。因此，证监会在学习纳斯达克以价格决定是否让企业退市前，一定要做好企业退市后的工作，免除企业退市产生不必要的麻烦。

在以股价作为退市标准、做好退市的善后工作后，证监会还应该强化券商终身保荐制度，以此来促进市场健康发展。

券商是新三板市场不可忽略的主体，推荐企业上市，为企业提供股改方案和融资方案，充当挂牌企业军师的角色。如果券商能够在企业挂牌上市后，对挂牌企业进行督导引导，当好挂牌企业的军师，在企业出现各项问题的时候，积极提供帮助，能够让企业在经营中少走弯路，自然不会面临被退市的风险。另外如果每个券商在企业挂牌上市后，终身对企业进行指导，企业股价也会保持一个相对合理的位置，即使被退市，也能够在退市时做好交接工作，免除企业退市的困扰。

完善退市制度的新三板市场欢迎所有的中小企业前来挂牌上市，即使企业目前没有盈利，仍然能够获得挂牌成功的机会。但企业挂牌上市之后，接下来要做的工作就是让企业股价保持增长之势，继而让企业得到更多投资者的青睐，更好地发挥其价值。相信随着退市制度不断完善，新三板终将爆发出更大的活力，成为仅次于纳斯达克的场外市场。

交易方式和市场分层结合

流动性差一直是制约新三板发展的核心问题，如何解决流动性差的难点？证监会可以从新三板的交易方式入手。目前新三板的交易方式主要有协议转让和做市转让，相比A股市场，这两种方式相对"小众"，不能为投资者提供快捷的退出通道，很可能出现投资者购买的股票长期不能卖出，投资效益损失严重。这两种交易方式致使投资者不愿意参与到新三板市场中。因此，新三板市场在未来的发展需要借助更高效率的交易方式——竞价交易。

所谓竞价交易就是在场内以连续方式自由竞价的交易模式，目前A股市场在正常的交易时段就是实行这种交易模式。新三板T+0交易模式不设涨跌停限制，一旦采用竞价交易方式，新三板市场必然有更多的投资者，市场自然能够进一步打开。

2015年11月20日，证监会发布《中国证监会关于进一步推进全国中小企业股份转让系统发展的若干意见》，指出目前新三板市场不具备竞价交易实施的条件。全国股份转让总经理谢庚表示，竞价交易固然能够引爆新三板市场的潜力，但竞价交易的实现必须要满足三个条件：更大的股权分散度、更高质量的信息披露和系统的投研体系。

很多在新三板挂牌的企业都存在股权过于集中的问题，少数经营者掌握企业绝大部分的股权。证监会规定，挂牌企业的高管在转让股票时，需要在两年内分三批次进行。另外根据《公司法》，企业在改制后一年内，不能转让股份，这就使得市面上根本没有这么多的股份进行转让。没有足量股份的新三板市场显然不能够为竞价交易提供可能。

由于企业制度惯性，民营企业在挂牌新三板市场后，仍然秉持着家族式的管理方法。不愿意向外界披露信息或者在信息披露上面存在各种各样的问题，不能为投资者提供更真实、有效的信息。信息披露存在的问题，短时间内并不能解决，需要一定的缓冲期才可以。与此同时新三板市场目前的投研体系并未建立好，因为目前登陆新三板市场的公司的数量太多，远远超过A股市场，挂牌企业的速度也在不断加速，因此证监会根本没有时间和能力去建设投研体系。

股权集中、信息披露和投研体系存有的问题让新三板市场竞价交易的实施变得遥遥无期。当然这些困难也不能阻碍证监会，证监会为了在最短的时间里实施竞价交易模式，也在积极采用市场分层为竞价交易铺路。

新三板的市场分层制度就是按照挂牌企业的质量进行划分，将一些盈利能力强、商业模式好的企业划分到创新层，将那些长期亏损、盈利模式不清晰的企业定位为普通层。不同层的企业也会享受到不同的服务，创新层企业相比普通层会得到证监会更多的优惠政策，同时也能获得更多投资者的青睐。

分层制度给创新层的挂牌企业提出更高的要求和标准，主要有以下三点：第一个是在信息披露的时效性和强度上提高要求，要求创新层的企业披露业绩快报或业绩预告，同时提高定期报告临时报告的标准，鼓励其披露季度报告，加强对公司承诺事项的管理；第二个是要求进一步完善治理结构和建立相关制度，比如单独设置董秘，强化对公司董事、监事和高管在企业敏感期股票的监管，防止高管恶意做空，扰乱整个新三板市场的运作；第三个是实施严格的违规计分制度和公开披露制度，并与责任培训制度相结合，更好地规范企业的行为。

新三板分层制度能够让一些优质挂牌企业得到聚集，然后证监会动用行政手段对其进行监管，使其在信息披露上更加规范，股权变得相对分散。这样创新层的企业实行竞价交易模式的梦想就不再遥远，这对于新三板市场的流动性自然是个利好消息。

当创新层竞价交易方式变得更规范、合理时，普通层也能很快享受到竞价交易的好处，新三板市场自然会变得更有活力，投资者也更愿意到新三板市场掘金。值得注意的是，证监会在推行竞价交易和市场分层的时候，不能操之过急，应该一步一个脚印，继而保证建立的竞价交易方式基础更牢固，效用价值最大化。

第 23 章

新三板市场的创新方向

作为资本市场的新生力量,新三板要想得到更好的发展,必须坚持不断创新,用创新为新三板市场引进更多新鲜的血液。具体来说,新三板可以从投融资品质、交易制度、转板通道等方向进行创新突破。

投融资品质创新

目前新三板市场的投资者和融资企业依然处于失衡状态，大量"僵尸股"存在，企业自挂牌后一直得不到融资机会，白白浪费挂牌所花费的时间和资金。因此，新三板要想成为中国版的"纳斯达克"，必须要对投融资品质进行创新，品质创新的前提就是要解决投融失衡的问题，让更多的投资者进入到市场，真正实现挂牌企业的愿景。

如何让更多的投资者进入到新三板市场，就需要证监会不断完善新三板的市场机制，比如降低个体投资者的投资门槛，深化新三板市场的分层制度，为投资者减弱投资风险等等。大量的投资者进来后，挂牌企业自然能够获得更多的融资机会，投融失衡的问题也能得以解决，新三板市场活跃度才能进一步提高。

投融资失衡问题解决后，证监会接下来要做的是对投融资的品质进行提高。因为投资者在进行投资时，最大的目的就是获得丰厚的回报，实现财富的增值。如何保证投资者获得巨大的利润？这不仅需要投资者拥有一双慧眼，找到盈利能力强、优质的挂牌企业，还需要证监会做好整个市场的肃清工作，继而为新三板市场留下更多盈利能力强、商业模式合理的挂牌企业，投资者的风险才能得以化解，投资者的投资品质自然会得以提高。

当然挂牌企业对投资者也是挑剔的，很多挂牌企业都喜欢"财大气粗"、愿意长期支持自家股票的企业，同时希望投资者不过分干预企业的经营生产活动。如果投资者对挂牌企业各项活动都插上一脚，只会让企业经营陷入迷茫状态，很快在竞争对手的夹击下缴械投降。另外如果企业的投资者都喜欢短线投资，不愿意长期持有企业的股票，企业即使融到资金，也很容易出现各种各样的问题，因此找到一个优质的投资者对于企业经营活动至关重要。

企业找到优质投资者有两个方法：第一个就需要证监会的帮忙，首先证监会可以用当今的大数据技术对所有的投资者进行审查，分析他们出现"中山帮"事件的概率。如果投资者在证券公司开设多个账号，并且最近有多笔异常交易，这时证监会应该立刻警惕起来，坚决避免其进入市场。反之一些具有良好投资背景和素质的投资者，证监会应该积极鼓励其进入市场，给他们提供更多的服务。因为此类投资者的进入对企业来讲是一个福音，对企业发展的作用不言而喻。

另外一个就需要企业的自我营销，寻找企业的投资者不仅需要主办券商，更需要企业的直接持股者，因为任何人都没有直接持股者清楚企业的盈利模式、经营特点以及企业到底需要什么样的投资者。直接持股者直接和投资者进行沟通和交流，才能够为企业找到最适合的投资者。如何保证投资者和挂牌企业的持股者进行畅通的交流，还需要证监会进行制度的创新，为投资者和直接持股人搭建一个服务的平台，以此保证两者交流的效果。与此同时更需要企业提炼出产品的爆点，试想企业产品在市场没有竞争力，甚至在消费者心中口碑不佳，很显然投资者不会将资金投给企业。

因为没有爆点的企业不能在市场抢夺到足够的市场份额，很容易在市场大潮中迷失。因此，企业要想获得投资者的长期投资，就应该打造出一款优质产品，这个产品是其他竞争对手所不能模仿的，这样挂牌企业在投资者心中，自然会保持较高的地位，企业才能获得长期投资。

新三板市场通过在投融平衡上下功夫，能够让挂牌企业获得融资机会，助力企业快速成长。同时证监会对投资者和挂牌企业设置相应的限制标准，能够让市场拥有品质更高的投资者和融资者。当新三板市场这两个参与主体的素质提高时，市场也会变得更合理，价值性更高。

引入竞争，打破交易所垄断

自2012年全国中小股份转让系统成立，两次扩容后，新三板市场一直保持高速发展，挂牌企业的数量和融资规模也是节节攀升。新三板的出现对于发展我国多层次资本市场体系，协调金融体系至关重要。通常国际资本市场体系都是从场外市场向交易所靠拢，比如美国纳斯达克市场先成立，然后再有了纽交所。而我国的多层次资本市场先有交易所然后再设立中小板市场、创业板市场、新三板市场，这也导致我国场外市场一直依附于交易所，处于一种畸形发展的状态。

新三板市场要想从这种畸形状态走出，让自己和主板、创业板市场平起平坐，就需要引入竞争，打破交易所的垄断地位，继而让自己拥有更大的发展优势。

2015年6月10日，中国政法大学资本金融研究院院长刘纪鹏，在2015年青岛·中国财富论坛表明："新三板市场的快速成长对国民经济、资本市场发展至关重要，但是新三板要想长效发展，就必须打破交易所的垄断机制，形成一套自己的运作体系和方法。"

刘纪鹏的话不无道理，因为目前新三板的技术系统、结算系统、转板系统都是深圳证券交易所提供的。试想深交所和新三板一旦产生利益冲突，深交所拒绝向新三板提供各项服务和支持时，新三板不得不处于被动状态，不得不受制于它。

另外深交所结算系统、技术系统在运用到新三板市场时也会出现水土不服的状况，新三板市场也会承担一定的损失。如果新三板市场在技术、转板、结算等方面引入竞争，寻求其他合作对手或者进行相应的研发工作，一定能够让自己获得"自由"，掌握更多的话语权，不被两市场长期压迫。

更重要的是，新三板"抛弃"上交所、深交所，做到独树一帜的可能性相当大。首先，对于上交所而言，沪弱深强的格局会一直存在，沪市本应该成为中小企业选择IPO的热点选择，但是由于自身体制问题阻挡了不少企业挂牌的脚步。在2014年IPO开闸时，大量的中小企业抛弃沪市选择深市，更重要的是它过高的门槛也限制众多中小企业上市的机会。其次，深交所也存在一些不可调和的矛盾，一方面深交所的内部创业板和中小板同质性严重，两者本质并没有明显的差异，定位不清很容易让这两个板块在未来出现争斗，不利于这两板块健康发展；另一方面，新三板是公司制优于深交所的事业单位制，更灵活，完全有能力将深交所的创业板击垮。

新三板市场相比这两大交易所更年轻、更有活力，优势明显。至于能不能打破交易所的垄断，自成一派，要看新三板市场的融资能力、投资收益和风险的大小。因为只有融资能力强的市场，企业才愿意花费巨额挂牌费用于新三板市场挂牌。反之如果新三板市场融资能力不强，不能让挂牌企业从中获得好处，企业显然不会到新三板市场挂牌。如何保证新三板市场有超强的融资能力,这就需要市场有大量的"金主"。而吸引"金主"最好的办法就是效益的最大化,即享受更高的收益,承担更小的风险。如何实现?就需要保证新三板市场有大量的优质企业,继而为投资者带来更大的收益,这样市场融资能力才会大大提高,新三板市场也会有更多的挂牌企业,呈现出高速发展之势。

新三板市场通过引入竞争,拒绝成为上交所和深交所的傀儡,获得更多企业和投资者的支持。相信自成一派的新三板市场,也能够像美国纳斯达克市场一样,成为苹果、微软、沃尔玛那样的大型企业的孵化器,为社会输出更多有价值的企业。新三板实力壮大之后,一些原先在主板、创业板上市的企业可能会转到新三板,那么新三板也能和主板、创业板平起平坐,这样整个资本市场变得更合理、更繁荣,我国的经济也会因此保持更快的发展之速。

转板通道的创新设计

2015年11月24日，证监会明确提出将研究新三板市场的转板试点和转板通道的创新设计工作。转板消息一出立刻点燃投资者、挂牌企业对新三板市场的热情，三板做市指数连续一周高涨。但截止到2016年2月5日，转板通道的相关设计并未出来，不免让投资者失望不已。新三板市场要想做好转板通道的创新设计，做到真正意义上的转板就应该与新股发行制度结合起来。

新三板市场转板制度实施的前提就是新股发行注册制的落地。股票注册制和目前的审核制相比，删除了对企业盈利水平和价值的判断，但是对企业的信息披露有了更高的要求。当A股市场注册制实施，转板企业只需要做好相关的备案工作就能上市，这无疑大大减少了审批程序，没有了众多条条框框的限制，新三板挂牌企业登陆A股市场的时间也会更短，从而能在更短的时间里拥抱资本市场。注册制在2014年就已提出，但是迟迟未能落实，终于在2015年有了回声。

2015年国务院总理李克强在主持国务院会议时，通过注册制改革中调整适用的草案，这也意味着注册制正在向市场招手，短时间里会得到实施。随后证监会发文称注册制的实施是一个渐进的过程，不会大规模的实施。

新股注册制的开启，无疑扫清转板通道的障碍，让挂牌企业看到转板的希望，得到更多机会登陆到更大的市场进行掘金。但注册制度的实施并不意味着新三板挂牌的企业都有机会转板成功，因为主板、创业板市场和新三板市场相比有更高的标准，即使注册制放开，那些盈利能力、商业模式差的企业仍然面临不能上市的困境。

同时注册制刚出来，风险不能控制。一些风险控制能力不强的企业，其风险也会更大。因此转板的企业应该是那些经营能力强，在新三板市场数一数二的企业，这些实力雄厚的企业面对注册制会有更多的打法，以避免损失惨重。

在2014年7月底，证监会提出缓解融资成本高的十项措施。措施的第三条就是完善创业板制度，丰富创业板层次，鼓励一些尚未盈利的互联网高新技术企业在新三板挂牌一年后可以转到创业板上市。因此一旦注册制落实之后，第一批进行转板的企业很可能是市场成熟的互联网高新技术企业。

当一切转板条件成熟，大量新三板企业拥有转板的权力后，每一个挂牌企业要做的工作不是立刻涌入到创业板的怀抱，而是应该仔细分析企业目前的融资金额、融资速度、股权比例和结构，得出自己有无转板的需求。当然为了完成这个工作，企业可以借助中介机构的帮忙，借助会计事务所、律师事务所、主办券商的力量分析出企业目前转板的利益得失。如果新三板市场不能满足企业的融资需求，企业需要更大的市场以提升品牌实力，更重要的是能够控制住登陆到主板市场的风险，这时企业就可以由新三板市场登陆到创业板市场。反之，企业没有大的融资需求，同时自身股权机构不允许转板，此时企业就不要贸然进行转板。

证监会对转板通道的创新设计，能够让大量优秀的挂牌企业跳跃到创业板市场，拥抱更大的资本市场，获得更多的机会。转板通道的具体设计工作如何更好地维护挂牌企业的利益，这就需要证监会和挂牌企业进行协调。挂牌企业提出转板通道的设计点，然后证监会根据挂牌企业的意见而进行更改，从而保证转板通道的设计真正为挂牌企业提供更多有益的服务，避免企业转板时一些不必要的纠纷。

一方面大量的投资者、专家希望转板通道尽快落实，让更多优质的企业享受到转板带来的好处。另一方面，一些学者对转板通道的创新提出质疑，他们的观点如下：既然新三板市场想成为中国的"纳斯达克"，那应该尽可能留住优质挂牌企业，让企业在新三板市场快速成长起来，而设计优质创新的转板通道，很多优质企业很可能流出，导致新三板市场剩下的企业多为"老弱病残"，相比A股市场竞争力大打折扣，投资者也会因此流失，继而新三板市场陷入困境。

具体要不要进行转板通道的设计，我认为证监会还是应该创新设计。虽然一些优质企业会因转板出走，但请相信这句话："想走的，始终要走，留也留不住。"同时随着新三板市场不断地健全，也能留住一些实力雄厚的企业，当它们在这个市场不断壮大，新三板才能得到长效发展。

借鉴国外场外交易制度

场外交易市场已经成为证券市场的重要组成部分，它的建设和成长已经成为众多投资者、业内人士以及专家共同关注的问题。目前我国的场外交易制度和国外成熟的场外交易制度相比，仍有许多不足之处。因此借鉴、学习国外场外交易制度对于完善我国交易制度大有裨益，具体从哪些方面学习？我们可以从以下三个方面入手。

（1）选择多元的竞争性的做市商制度

当前，我国场外市场在交易层面存在交易清淡、流动性不足的问题。产生这种情况最主要的原因就是"集合竞价"和"协议定价"的交易制度。这两种交易制度极易引起价格传导机制弱，存在严重的信息不对称和透明度低的问题，更重要的是这种交易制度极易让投资者产生不信任感，不敢贸然进入新三板市场中。为了解决我国场外市场流动性差的问题，我们应该学习国外的竞价交易和做市商制度。竞价交易方式是证券交易所常用的交易制度，一方面能够让交易变得透明化，投资者敢于进入市场中，市场的流动性进一步提高，另一方面能够让挂牌企业的股票以相对合理的价格出售，更好地维护挂牌企业的权益。

国外场外交易除了竞价交易方式之外，还有相对成熟的混合型做市商制度。天津股权交易所实行的就是成熟的混合型交易制度。这种从国外借鉴的交易制度不仅发挥了竞价交易的公平，又能发挥做市商制度有效提高市场流动性的特点，更好地促进了我国场外市场的发展。我国股权交易所在使用混合型做市制度时，一定要平衡做市商的做市义务和收益，真正激发做市商做市的积极性。

（2）市场基础与交易环境的完善

在市场主体环境方面，新三板市场做市商有持续报价的义务。就一些多元做市商制度而言，应该保证每只做市证券的做市商数量达到两个或者两个以上。通过这种方法能够更好地维护做市商的收入，防止做市商因风险过大而损失惨重。当做市商收入得到保证时，它自然更愿意做市，流动性也能提高。

另外在交易环境上面，国外的场外交易市场都有一套严苛的法律制度。通过法律手段来为做市商制度提供更好的交易环境。通常国外场外交易市场的法律环境规定，首先要包括做市商的资格认定，做市商的权利义务法律平衡和做市商交易对象的保护。同时国外场外对做市商的准入标准、合理买卖价以及做市行为和规定都有着明确的标准。这些都是我国证监机构应该学习的地方。

目前我国做市商制度在法律上存在主体不明、重要条款缺失、信息披露方面不足的问题，甚至一些做市商存在违法违规的行为，这无疑伤害我国新三板市场。证监会在借鉴国外的做市交易制度时，一定也要借鉴相关法律法规的制定标准，从而制定更完善的做市商制度，更好地规范做市商。与此同时也应该从两方面着手营造宽松的交易环境：一方面降低非上市公司股票发行的限制；另一方面减少交易股去拆分单位，从而吸引更多的投资者进入市场，焕发市场活力。

（3）借鉴国外的做市商准入条件与监管机制

我国对于做市商的标准仍然存在欠缺之处，很容易让一些资质不行，风险防控意识不强的做市商企业进来。要想解决这个问题，我们可以借鉴国外对于做市商的四个条件：第一，具备场外股份交易的主办券商优先；第二，具有与做市证券资质和数量相匹配的财务要求和净资本；第三，主办券商要具备一定的持仓能力；第四，具备做市的专业部门，有完善的风险管理和内控券商。

对于我国场外市场参与主体的状况而言，可以将一些综合类的券商、投资机构及私募机构作为做市商的首选，这些机构通常能够满足以上的四个条件，让它们为我国证券市场的建设添砖加瓦。另外对做市商制度的监管也是一门重要的学问。建立一套完善的监管机制，能够让这些做市商规范自己的行为，维护证券市场的稳定。

通过借鉴学习国外场外交易的做市商制度，能够更好地调动新三板市场的活跃度，吸引更多的投资者进入市场，发挥新三板市场的潜力。与此同时，对做市商的监管，也能让新三板市场变得更规范，为更多的投资者带来丰厚的物质回报，让新三板市场成为我国资本市场的不可替代的部分。